Das bietet Ihnen die CD-ROM

Wörterbuch Deutsch-Englisch und Englisch-Deutsch

Mehr als 3.400 Fachbegriffe aus dem Bereich Rechnungswesen und Controlling können Sie einfach und schnell suchen.

Formulierungen, Textbausteine und Musterbriefe

Hier finden Sie eine Auswahl hilfreicher und sofort anwendbarer Vorlagen gängiger Redewendungen und Formulierungshilfen für die tägliche Praxis.

Mustervorlagen

- Cashflow
- Deckungsbeitragsrechnung
- Gewinn- und Verlustrechnung
- Bilanz

D1665029

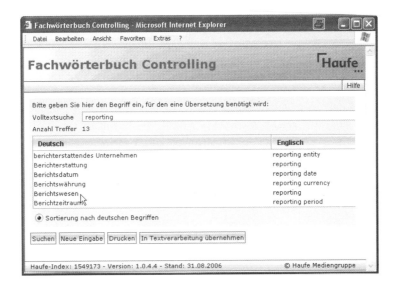

Bibliographische Information Der Deutschen Bibliothek

Die Deutsche Bibliothek verzeichnet diese Publikation in der Deutschen Nationalbibliografie; detaillierte bibliographische Daten sind im Internet über http://dnb.ddb.de abrufbar.

ISBN-10: 3-448-06030-5
ISBN-13: 978-3-448-06030-0

Bestell-Nr. 01418-0001

© 2007, Rudolf Haufe Verlag GmbH & Co. KG
Niederlassung München
Redaktionsanschrift: Postfach, 82142 Planegg
Hausanschrift: Fraunhoferstraße 5, 82152 Planegg
Telefon: (089) 895 17-0
Telefax: (089) 895 17-290
www.haufe.de
online@haufe.de
Lektorat: Dipl.-Kffr. Kathrin Menzel-Salpietro

Redaktion: Helmut Haunreiter, 84533 Marktl
Umschlag: HERMANN KIENLE, 70199 Stuttgart
Druck: Bosch-Druck GmbH, 84030 Ergolding

Zur Herstellung dieses Buches wurde alterungsbeständiges Papier verwendet.

Controlling-Fachbegriffe

Deutsch-Englisch
Englisch-Deutsch

Wörterbuch, Formulierungshilfen,
Vorlagen und Muster

von
Annette Bosewitz
Dr. René Bosewitz
RA Frank Wörner

Haufe Mediengruppe
Freiburg · München · Berlin · Würzburg

Inhaltsverzeichnis

Vorwort

Was Sie hier in der Hand halten ist mehr als nur ein Controlling-Wörterbuch. Es ist zugleich ein nützlicher Helfer in Ihrer täglichen Arbeit für alles, was Sie in englischer Sprache im Bereich Controlling formulieren müssen!

Buch und CD-ROM enthalten eine umfangreiche Wörterliste mit mehr als 3.400 Einträgen – sowohl Englisch/Deutsch als auch Deutsch/Englisch. Darüber hinaus bietet Ihnen das Buch viele nützliche Kommentierungen wichtiger Fachbegriffe, einen Überblick über gebräuchliche Abkürzungen aus dem Bereich Controlling und Rechnungswesen und – geordnet nach Themenbereichen – Standardformulierungen für die tägliche Korrespondenz und die Kommunikation am Telefon und in Gesprächen.

Zu guter Letzt finden Sie auf der CD-ROM eine Auswahl hilfreicher und sofort verwendbarer Mustervorlagen und Musterbriefe für die tägliche Praxis.

Das Buch richtet sich an Controller, Buchhalter, Führungskräfte in internationalen Unternehmen, Geschäftsführer, Steuerberater, Analysten in Banken und an Börsen, aber auch an Übersetzer.

Ganz besonders bedanken möchten wir uns bei dem Übersetzerteam von the translators AG, Heidelberg (www.translators-ag.de) für ihr Engagement und ihre Mitarbeit bei der Erstellung der Wörterlisten, bei Jayne White MA, Glasgow, für ihre professionelle Korrekturarbeit und bei Ortrud Grimm für ihren Beitrag zu den englischen Standardformulierungen und Textbausteinen.

Das Autorenteam

Dr. René Bosewitz   Frank Wörner   Annette Bosewitz

So arbeiten Sie mit diesem Buch

Das Fachwörterbuch Controlling ist folgendermaßen aufgebaut:

Wörterbuch Deutsch-Englisch bzw. Englisch-Deutsch

Die ersten beiden Kapitel sind ein umfassendes Wörterbuch mit mehr als 3.400 Fachausdrücken zum Thema Controlling und Rechnungswesen. Die in alphabetischer Reihenfolge geordneten Stichworte sind im Kapitel 1 Deutsch-Englisch und im Kapitel 2 Englisch-Deutsch aufgeführt.

Britische und amerikanische Varianten sind mit GB bzw. US gekennzeichnet. Unterschiedliche Formulierungen hinsichtlich des HGB und der IFRS/IAS sind ebenfalls entsprechend mit HGB und IAS gekennzeichnet.

Zu einigen Stichworten finden Sie eine weitere, ausführlichere Erläuterung und Kommentierung in Kapitel 3. Der eingeklammerte Pfeil (→) verweist auf diese Erläuterungen.

Kommentierungen und Erläuterungen

Im Kapitel 3 des Buches finden Sie Kommentierungen und Erläuterungen wichtiger Fachbegriffe in alphabetischer Reihenfolge, eine Auflistung gebräuchlicher Abkürzungen und deren Bedeutung sowie jeweils Mustervorlagen für Bilanzen, GuVs, die Deckungsbeitragsrechnung und Cashflow-Statements.

Formulierungen und Textbausteine

Die Kapitel 4 und 5 enthalten

- eine thematisch geordnete Auflistung englischer Formulierungen und Textbausteine für den Schriftverkehr mit entsprechender deutscher Übersetzung

- eine Kapitalfluss- und Deckungsbeitragsrechnung, für die Bilanz- und Gewinn- und Verlustrechnung.

- sowie eine thematisch geordnete Auflistung englischer Phrasen und Redewendungen für die Kommunikation am Telefon und in Gesprächen.

So arbeiten Sie mit der CD-ROM

Häufig bestehen selbst bei guten Englischkenntnissen Unsicherheiten bei der Korrespondenz einzuhaltenden Formalien. Mit den Textbausteinen bzw. Musterbriefen, die Sie auf der CD-ROM finden, wird dieses Problem künftig nicht mehr auftreten. Sie können die Mustervorlagen direkt übernehmen und in Ihrer täglichen Arbeit verwenden.

1 Wörterbuch Deutsch-Englisch

Nachfolgend finden Sie insgesamt über 3.400 Fachbegriffe aus dem Bereich Rechnungswesen und Controlling. Diese Zusammenstellung deckt den größten Teil der gebräuchlichen Begriffe aus diesem Bereich ab.

Hinweise für die Benutzung

1. Die Stichwörter sind **fett** in alphabetischer Reihenfolge gedruckt, die Übersetzung folgt dem Stichwort in Normalschrift.

2. Viele Fachbegriffe sind aus einer Gruppe von mehreren Wörtern zusammengesetzt. Hier ist in der Regel unter dem ersten Wort der Gruppe nachzusehen.
   In manchen Fällen erschien es sinnvoll, den Begriff nicht unter dem ersten Wort einzuordnen, sondern unter einem Wort aus der Mitte der Gruppe, das den Fachausdruck treffender repräsentiert. Dann steht die Tilde an der entsprechenden Textstelle für das vorangestellte Stichwort.

   Bsp: **Abgabe, öffentliche** ~ = öffentliche Abgabe; **Konzernrechnungslegung, Grundlagen der** ~ = Grundlagen der Konzernrechnungslegung

3. Zu einigen Stichwörtern finden Sie eine weitere, ausführlichere Erläuterung und Kommentierung im Kapitel 3. Der eingeklammerte Pfeil (→) verweist auf diese Erläuterungen.

A

abändern amend

Abänderung amendment; modification; alteration

Abbaurecht mineral right; mining right

abberufen to discharge; remove from office

abbuchen to charge to (*a bank account*); to write off

Abbuchung vom Konto deduction from an account

ABC-Analyse ABC analysis (→)

Abfindung indemnity; severance payment; termination payment

Abfluss aus Finanzierungstätigkeiten net cash used in financing activities

Abgabe levy

Abgabe, öffentliche ~ public levy

Abgabe, Sozial~ social security contribution

Abgabenordnung general tax code; fiscal code

Abgabepreis sales price

Abgang (aus dem Anlagevermögen) disposal (*Veräußerung*); retirement (*Stilllegung*)

Abgang langfristiger Finanzinvestitionen disposal of long-term financial investments

abgerundet rounded down; rounded off

abgewickelt settled

Abgrenzbarkeit separability; allocability; deferability; delineation

Abgrenzung (*transitorisch*) deferral; (*passiv*) accrual

Abgrenzung (periodische Abgrenzung von Aufwand und Ertrag) accrual basis of accounting

Abgrenzung von Zinsaufwand oder Zinsertrag accrued interest expense or deferred interest income

Abgrenzung, aktive ~ prepaid expenses

Abgrenzung, passive ~ deferred income

Abhebung (vom Konto) withdrawal

Ablage file

Ablauf des Patentschutzes patent expiry

Ablauf einer Frist expiry; expiration

Ablaufdatum expiry date

ablaufen (einer Frist) to expire

Ablaufplan schedule

ablegen to file

Ablösung (einer Schuld) redemption; repayment

Abmachung agreement; arrangement

Abnahme decrease

Abnahmeverpflichtung purchase commitment

Abnutzung wear and tear

Abrechnung settlement

Abrechnung von Dienstleistungen service billing

Abrechnung, Jahres~ annual account

Abrechnung, Jahresende~ year-end closing

Abrechnung, Kostenstellen~ cost centre settlement

Abrechnungstag settlement date

Abrechnungsverbindlichkeit unsettled claim

Abrechnungsverfahren settlement system; clearing system

Abrechnungszeitraum accounting period

abrufbar callable

Absatz (Umsatz) sales

Absatzförderung sales promotion

Absatzkontingent market quota

Absatzkosten distribution cost; sales cost

Absatzprognose sales forecast

Absatzschwankungen sales fluctuations

Absatzwege sales channels; distribution channels

Absatzzahlen sales figures

Abschlagszahlung down-payment; partial payment

Abschluss der Konten closing the accounts

Abschluss, Jahres~ year-end closing; annual financial statements

Abschlussbilanz annual balance sheet

Abschlussbuchung closing entry

Abschlussdatum date of transaction

Abschlussprüfer auditor

Abschlussprüfung audit

Abschlusstermin closing date

Abschlussvermittlung acquisition brokerage

Abschlusszahlung final payment

abschreiben to depreciate or amortise; to write off; to write down

Abschreibung depreciation; amortisation; write-down; write-off

Abschreibung auf Basis der Wiederbeschaffungskosten replacement method of depreciation

Abschreibung auf der Basis von Produktionseinheiten units-of-production method of depreciation

Abschreibung auf immaterielle Vermögenswerte amortisation

Abschreibung geringwertiger Wirtschaftsgüter depreciation of low-value assets

Abschreibung von Aufwendungen für die Instandsetzung und Erweiterung des Geschäftsbetriebs amortisation of start-up and business expansion expenses

Abschreibung von jederzeit veräußerbaren Wertpapieren write-down on available-for-sale securities

Abschreibung wegen Substanzverzehr depletion

Abschreibung zweifelhafter Forderungen bad debt expense

Abschreibung, abzugsfähige ~ deductible depreciation

Abschreibung, aufgelaufene ~ auf Sachanlagevermögen accumulated depreciation

Abschreibung, außerordentliche ~ extraordinary depreciation

Abschreibung, außerplanmäßige ~ impairment losses (➔)

Abschreibung, buchmäßige ~ book depreciation

Abschreibung, degressive ~ declining balance method of depreciation

Abschreibung, direkte ~ direct amortisation

Abschreibung, indirekte ~ indirect amortisation

Abschreibung, kalkulatorische ~ imputed depreciation

Abschreibung, Leistungs ~ units-of-production depreciation method (➔)

Abschreibung, lineare ~ straight-line method of depreciation (➔)

Abschreibung, planmäßige ~ scheduled depreciation/amortisation; normal depreciation

Abschreibung, Sofort~ immediate write off

Abschreibung, Sonder~ accelerated depreciation; special depreciation

Abschreibung, steuerliche ~ depreciation for tax purposes

Abschreibungen/Zuschreibungen auf immaterielle Vermögenswerte write-downs/write-ups on intangible assets, property, plant and equipment

Abschreibungen auf das Anlagevermögen depreciation of fixed assets

Abschreibungen auf Finanzanlagen write downs of financial assets

Abschreibungen auf Sachanlagen und immaterielle Vermögensgegenstände depreciation and amortisation of tangible and intangible non-current assets

Abschreibungsaufwand depreciation expense

abschreibungsfähige Kosten depreciable costs

Abschreibungsgrundlage depreciation basis

Abschreibungssatz depreciation rate

Abschreibungsverfahren depreciation method

Abschreibungsvolumen depreciable amount

Abschreibungszeit depreciation period

Abschrift duplicate; copy

absetzbar (steuerlich) deductible

Absicherungsstrategie hedging strategy

Absichtserklärung letter of intent; declaration of intent

Abstandszahlung indemnity payment

abstimmen von Konten to reconcile accounts

Abstimmung (von Zahlen) reconciliation

Abstimmungsdifferenz amount out of balance; difference

Abstimmungsposten reconciling item

Abtretung assignment; cession

Abtretungserklärung declaration of assignment

Abtretungsurkunde deed of assignment

abweichen diverge; deviate

Abweichung deviation; divergence; variance

Abweichung bei Standardkosten standard cost variance

Abweichung, Bestands~ inventory variance; inventory variation

Abweichung, Kosten~ cost deviation; cost variance; cost variation

Abweichung, Preis~ price variation

Abweichungsanalyse variance analysis (→)

abwerten to devalue

Abwertung devaluation

Abwertung der Währung devaluation of currency

Abwesenheitsrate absentee rate

Abwicklung liquidation (Auflösung); settlement; processing; transaction

Abwicklungskosten handling charges; liquidation costs (Auflösung)

Abwicklungszeitraum period of liquidation; settlement period

Abzahlungskredit instalment credit

Abzahlungszeit repayment period

Abzinsung discountings

Abzinsungsfaktoren discount factors

Abzinsungssatz discount rate

Abzug deduction

abzüglich (abzügl. Ausgaben) less (less expenses)

abzugsfähig deductible

abzugsfähige Ausgaben deductible expenses

abzugsfähige Betriebsausgaben (tax) deductible expenses

abzugsfähige temporäre Differenzen deductible temporary difference

Abzugssteuer withholding taxes; taxes withheld at source

AfA-Grundsatz depreciation rule

Agio agio; premium

ähnliche Aufwendungen similar expenses

Akkreditiv letter of credit

Akkreditiv, bestätigtes/unwiderrufliches ~ confirmed/irrevocable letter of credit

Akkreditivbegünstigter beneficiary of a letter of credit

Akkreditivinhaber accreditee

Akte record; file

Aktennotiz memorandum; memo; file note

Aktie share (GB); stock (US)

Aktie ohne Bezugsrecht ex rights share

Aktie, an Belegschaft ausgegebene ~ shares issued to employees

A

Aktie, an der Börse notierte ~ listed stock; share quoted on the stock exchange

Aktie, ausgegebene ~ issued share

Aktie, börsenfähige ~ quotable share

Aktie, dividendenberechtigte ~ participating share

Aktie, nachschlusspflichtige ~ assessable share

Aktie, nicht notierte ~ unquoted share

Aktie, nicht sofort dividendenberechtigte ~ deferred share

Aktie, noch nicht ausgegebene ~ unissued share

Aktie, notierte ~ quoted share

Aktie, Stamm~ common share; ordinary share

Aktie, stimmberechtigte ~ voting share

Aktie, virtuelle ~ phantom share

Aktie, Vorzugs~ preferred share

Aktien, eigene ~ (zurückgekauft) treasury stock

Aktien, junge ~ newly issued shares

Aktien, Kaduzierung von ~ forfeiture of shares

Aktien, nicht an der Börse eingeführte ~ unlisted share

Aktienagio share premium

aktienbasierte Entlohnungssysteme share-based compensation

Aktienbesitz shareholdings

Aktienbörse stock exchange

Aktiengesellschaft public limited company (Abk. plc) (GB); stock corporation (US)

Aktiengesetz Stock Corporation Act

Aktienhandel dealing in shares; stock brokerage

Aktienindex share index

Aktienkapital share capital (GB); capital stock (US)

Aktienkapital, ausgegebenes ~ issued share capital; capital stock issued

Aktienkapital, einbezahltes ~ share capital paid-in

Aktienkapital, genehmigtes ~ authorised share capital (GB); authorised capital stock (US)

Aktienkurs share price

Aktiennotierung share quotation

Aktienoptionsplan share option plan (→)

Aktienrückkaufprogramm share buyback programme

Aktienspitzen share fraction

Aktionär shareholder (GB); stockholder (US)

Aktionärsstruktur shareholder structure

Aktiva assets

aktive Abgrenzung prepaid expenses

aktiver Markt active market

aktivieren to capitalise

aktivierte Eigenleistungen internal costs capitalised

Aktivierung (*Bilanz*) capitalisation

A

Aktivierungsfähigkeit recognition of assets

Aktivierungspflicht requirement to capitalise; must be capitalised

Aktivierungsverbot not to be recognised as an asset

Aktivierungswahlrecht option to capitalise

Aktivposten asset

Akzept acceptance; bill of acceptance

Akzeptant acceptor; drawee

Akzeptkredit acceptance credit

als Finanzinvestition gehaltene Immobilie investment property

als Sicherheit übertragene Vermögenswerte assets pledged as collateral

Alterseinkünftegesetz retirement income law

Altersfreibetrag old-age allowance

Altersrente old-age pension

Altersversorgung old-age provision

Altersversorgung und –unterstützung retirement benefits

Altersversorgung, betriebliche ~ occupational pension scheme

Altersversorgungsplan retirement benefit plan

Amortisation amortisation

amtlicher Markt official market

Analyse analysis

Analyse, Unternehmens~ business analysis

Analyse, Ursachen~ cause analysis

Analyse, Wettbewerbs~ competition analysis

Anbieter offerer; bidder; vendor

Änderung change; alteration; modification; adjustment

Änderungen in Ansatz und Bewertung value adjustments

Andienungsrecht put option

Anerkennungsverfahren endorsement mechanism

Anfangsbestand opening balance

Anfangsbestand, Waren~ opening inventory

Anfangssaldo opening balance

Angabe disclosure

Angaben über Beziehungen zu nahe stehenden Unternehmen und Personen related party disclosures

Angaben, allgemeine ~ general information

Angaben, sonstige ~ miscellaneous information

Angabepflicht disclosure obligation

Angabepflichten, generelle ~ general disclosure requirements

angemessener Preis adequate price; fair price; reasonable price

Angemessenheit adequacy

Angestelltendarlehen employee loan

Angestellter employee; salaried employee; white-collar employee

Angestellter, außertariflicher ~ non-tariff employee

Angestellter, leitender ~ executive; officer (US)

A

Anhang attachment; appendix; enclosure; notes to the financial statements (in Jahresberichten)

Anlage enclosure; appendix; attachment

Anlage (Investition) investment; asset (Anlagegut)

Anlage- und Abschlussvermittlung investment and acquisition brokerage

Anlagefonds investment fund

Anlagegut asset

Anlagegüter, geringwertige ~ low-value assets

Anlagegüter, immaterielle ~ intangible assets

Anlagen im Bau construction in progress; plants under construction

Anlagen, Betriebs- und Geschäftsausstattung fixtures, fittings and office equipment

Anlagen, Sach~ property, plant and equipment (IAS); tangible fixed assets (HGB)

Anlagenbuch property ledger

Anlagengitter analysis of fixed assets

Anlagenkartei fixed asset register

Anlagenkonto fixed asset account

Anlagepolitik investment policy

Anlagerisiko investment risk

Anlagespiegel assets analysis; statement of changes in assets

Anlagevermittlung investment brokerage

Anlagevermögen non-current assets; fixed assets (→)

Anlagevermögen, bewegliches ~ movable assets

Anlagevermögen, immaterielles ~ intangible assets

Anlagevermögen, Sach~ property, plant and equipment (IAS); tangible fixed assets (HGB)

Anlagevolumen investment volume

Anlageziel investment objective

Anlaufkosten start-up expenses

Anleger investor

Anleger, institutioneller ~ institutional investor

Anleihe bond; loan

Anleihe mit Endfälligkeit bullet loan

Anleihe, Options~ optional bond; option loan

Anleihebedingungen loan terms

Anleihemarkt bond market

Anleihen bonds

Anleihenemission bond issue; loan issue

Anleihentilgung loan redemption

Anleiheschuldner loan debtor

Anleihezinsen loan interest

Anmerkung note; comment; remark

Annahme assumption

Annuität annuity

Annuitätendarlehen annuity loan (→)

Anpassung adjustment

Anpassungen aus Ertragsteuern, Zinsen und Dividenden adjustments from income tax, interest and dividends

Anpassungen der Abschreibungen auf Sachanlagevermögen adjustments to depreciation/amortisation/write-downs of property, plant and equipment (IAS); ~ of fixed tangible assets (HGB)

Anrechnungsfähige Versicherungsjahre eligible insured years

Anreiz (Vergünstigung) incentive

ansammelbare Ansprüche auf vergütete Abwesenheit accumulating compensated absences

Ansatz (Erfassung) recognition

Ansatz und Bewertung recognition and measurement

Ansatz, erstmaliger ~ initial recognition

Ansatzkriterium recognition criterion

Anschaffung acquisition; purchase

Anschaffungskosten costs of purchase; acquisition costs (→)

Anschaffungskosten des Unternehmenserwerbs cost of an acquisition

Anschaffungskosten, fortgeführte ~ amortised costs

Anschaffungskosten, ursprüngliche ~ original cost; historical cost

Anschaffungskostenmethode cost method

Anschaffungskostenprinzip purchase cost method

Anschaffungsnebenkosten incidental acquisition expenses

Anschaffungswert acquisition value

Anspruch claim; entitlement

Anspruch, Erstattungs~ claim for refund

Anspruch, Schadensersatz~ claim for damages

anspruchsberechtigt eligible

anspruchsvoll demanding; discerning (Kunden)

Anteil share; interest (Beteiligung); proportion (Prozentsatz)

Anteil am Grundkapital percentage of share capital

Anteil an einer Kapitalgesellschaft shareholding in a corporation

Anteil eines Gesellschafters an einer Personengesellschaft interest of a partner in a partnership

Anteile an assoziierten Unternehmen shares in associated companies

Anteile an verbundenen Unternehmen shares in affiliated companies

Anteile anderer Gesellschafter minority interest

Anteile in Fremdbesitz shares held by third parties

Anteile, eigene ~ treasury stock

Anteilsbesitz shareholding

Anteilsbesitz, mittelbarer ~ indirect holding

Anteilsbesitz, unmittelbarer ~ direct holding

Anteilseigner shareholder

Anteilsliste list of holdings

antizipatives Aktivum accrued income

antizipatives Passivum accrued expenses

Antrag application; motion (bei einer Sitzung)

Antrag auf Fristverlängerung request for extension of time

anwachsen to accrue to

Anwalt attorney; lawyer; solicitor

anwendbar applicable

Anwendung, erstmalige ~ first-time adoption

Anwendungsbereich scope

Anzahl der Aktien number of shares

Anzahlung advance payment; prepayment; deposit; down-payment (bei Ratenkäufen) (→)

Anzahlung auf Anlagen advance payment on fixed assets

Anzahlung, erhaltene ~ advance payment received

Anzahlung, geleistete ~ advance payment made; payment on account; prepayment

Anzahlung, geleistete ~ auf immaterielle Vermögenswerte und Sachanlagen payment on account for intangible assets and property plant and equipment (IAS); ~ for intangible assets and tangible fixed assets (HGB)

Anzahlung, geleistete ~ auf Sachanlagen und Anlagen im Bau payment on account for property, plant and equipment and assets under construction

aperiodisch non-periodic

Arbeit, Kurz~ short time work

Arbeiter blue-collar worker; hourly-paid employee

Arbeitgeber employer

Arbeitgeberanteil employer's share

Arbeitnehmer employee

Arbeitnehmervertreter employees' representative

Arbeitsablauf workflow; procedure

Arbeitsablaufplan workflow chart

Arbeitsbelastung work load

Arbeitsgang operation

Arbeitskostenverteilung labour cost distribution

arbeitslos unemployed

Arbeitslosengeld unemployment benefits

Arbeitslosenversicherung unemployment insurance

Arbeitslosigkeit unemployment

Arbeitsplatzbeschreibung job description

Arbeitsvertrag employment contract

assoziiertes Unternehmen associated company; associate

auf absehbare Zeit foreseeable future

auf Minderheiten entfallende Ergebnisanteile minority interest; profit or loss attributable to minority interest

Aufbewahrungsfristen retention periods

Aufbewahrungspflicht record retention requirements

A

Aufdeckung stiller Reserven disclosure of hidden reserves

aufeinander folgend successive

Aufgabe von Geschäftsbereichen discontination of operations

aufgegebene Geschäftsbereiche discontinuation of operations

aufgelaufene Zinsen accrued interest

Aufgeld premium; agio

aufgerundet rounded up

Aufgliederung breakdown

Aufgliederung des Ergebnisses aus Finanzanlagen breakdown of income from financial investments

aufgrund due to

aufheben, ein Urteil ~ to reverse a decision

aufkündigen foreclose

auflösen, eine Gesellschaft ~ to dissolve a company

Auflösung reversal; release

Auflösung von Reserven reversal of reserves; release of reserves

Auflösung von Wertberichtigungen und Rückstellungen reversal of allowances and accruals

Aufschlag surcharge; extra charge

Aufschlag, Gewinn~ profit make-up; profit margin

Aufschlüsselung itemisation

Aufschub (Verzögerung) delay

Aufsichtsrat supervisory board

Aufsichtsratvergütungen remuneration of the supervisory board

aufsichtsrechtliche Risiken supervisory risks

Aufstellung statement; itemisation; preparation (of financial statements)

Auftrag order; job

Auftrag, jederzeit widerruflicher ~ revocable contract

Auftrag, Kauf~ purchase order

Auftragsbestand order backlog

Auftragsbestätigung order confirmation; order acknowledgement

Auftragseingang orders received

Auftragsfertigung make-to-order manufacturing ($\rightarrow$)

Aufwand expenses; costs

Aufwand, aktivierungspflichtiger ~ capital expenditure

Aufwand, außerordentlicher ~ extraordinary expense; special charge

Aufwand, neutraler ~ non-operating expense

Aufwand, sonstiger ~ other expense

Aufwandsentschädigung allowance; expense reimbursement

Aufwandsentschädigung (pauschal für Reisekosten) travel allowance; per diem allowance

Aufwandsrückstellungen accruals for future expenses; provisions for internal expenses (HGB)

Aufwendung expense; expenditure

Aufwendung, einmalige ~ one-off expense

Aufwendungen aus Verlustübernahme von Beteiligten losses absorbed from affiliates

A

Aufwendungen für Altersversorgung und für Unterstützung expenses for old-age pension and benefits

Aufwendungen für bezogene Leistungen cost of purchased services

Aufwendungen für Ingangsetzung und Erweiterung des Geschäftsbetriebs start-up and business expansion expenses

Aufwendungen für Roh-, Hilfs- und Betriebsstoffe sowie für bezogene Waren expenses for raw materials, supplies and purchased merchandise

Aufwendungen, ähnliche ~ similar expenses

Aufwendungen, betriebliche ~ operating expenses

Aufwendungen, Betriebs~ operating expenses

Aufwendungen, betriebsfremde ~ non-operating expenses

Aufwendungen, liquiditätswirksame ~ liquidity-related expenses

Aufwendungen, nicht zahlungswirksame ~ non-cash expenses

Aufwendungen, sonstige other expenses

Aufwendungen, sonstige betriebliche ~ other operating expenses

Aufwendungen, soziale ~ social security benefits

Aufwendungen, steuerliche abzugsfähige ~ tax-deductible expenses

Aufwertung appreciation; revaluation (Währung)

aufzinsen to accumulate interest

Aufzinsung accrued interest

Ausbeute yield

Ausbildung training

Ausbildung am Arbeitsplatz on-the-job training

Ausblick outlook

ausbuchen to write off; to charge off; to derecognise

Ausbuchung derecognition; write-off; charge-off

Ausdehnung (Ausbreitung) expansion; extension

ausdrückliche Zustimmung explicit consent

Ausfallbürgschaft letter of indemnity

Ausfälle, Forderungs~ bad debts

Ausfallquote loss rate

Ausfallrisiko credit risk; default risk; risk of non-payment

ausfüllen (Formular) to fill in; to complete

Ausgabe (von Wertpapieren) issue; issuance

Ausgabekurs issue price

Ausgaben expenditures, expenses

Ausgaben, abzugsfähige ~ deductible expenses

Ausgaben, aktivierungspflichtige ~ capital expenditures

Ausgabenbeleg voucher

ausgeschieden retired

ausgeschiedener Mitarbeiter retired employee

ausgeschütteter Gewinn (Dividende) distributed profit; dividend

ausgewogene Wertungsliste balanced scorecard

Ausgleich von Verlusten loss absorption

Ausgleichsabgabe equalization levy

aushandeln to negotiate; to bargain

ausländischer Geschäftsbetrieb foreign operation

Auslandsgeschäft foreign business or operations; international sales

Auslastung utilisation

Auslastung, Kapazitäts~ capacity utilization; utilization of capacity

Auslastungsgrad degree of utilization

auslegen (vorschießen) to advance

Ausleihung loan (➔)

Ausleihungen an verbundene Unternehmen loans to affiliated companies

Ausleihungen, Erträge aus ~ income from loans

Ausleihungen, sonstige ~ other loans

Ausleihungssatz loan rate; borrowing rate

Ausrüstung equipment

Ausschreibung invitation to tender

Ausschuss committee

Ausschuss, Bilanz~ audit committee

Ausschuss, Lenkungs~ steering committee

ausschütten to distribute

Ausschüttung dividend payout; distribution

Ausschüttungseffekte effects of dividend payouts

Ausschüttungsquote distribution rate

Außenanlagen external building facilities

Außendienst, Verkaufs~ sales force

Außendienstmitarbeiter sales representative

Außenhandel foreign trade

Außenhandelsbank foreign trade bank

Außenprüfung, steuerliche ~ tax field audit

Außenstände receivables; debts receivable; accounts receivable

Außenwirtschaftsgesetz foreign trade law

außerbörslicher Effektenhandel over-the-counter trade; OTC trade

außergerichtlicher Vergleich out-of-court settlement

außergewöhnliche Belastungen exceptional burdens; extraordinary expenses

außerordentliche Aufwendungen extraordinary expenses

außerordentliche Erträge extraordinary income

außerordentliche Posten extraordinary items

außerordentliches Ergebnis extraordinary profit/loss; extraordinary result (HGB)

außertariflich non-tariff

Aussetzung der Vollziehung suspension of collection

ausstehende Einlage unpaid capital contribution (➔)

Aussteller (eines Wechsels) drawer; issuer

Ausstellung exhibit; trade fair

Ausstellung eines Wechsels issuance/drawing of a bill

Ausübungshürde exercise hurdle

Ausübungspreis exercise price

Ausübungszeitraum exercise period

ausweisen to disclose

Ausweispflicht disclosure

auswerten to analyse; to evaluate

Auswertung analysis; evaluation

Auswirkung effect

Auswirkung der verwässernden potenziellen Stammaktien effects of dilutive potential (ordinary) shares

Auswirkungen von Änderungen der Wechselkurse effects of changes in foreign exchange rates

Auszahlung payment

Auszahlungen an Lieferanten payments to suppliers

Auszahlungen an Unternehmenseigner und Minderheitsgesell- schafter payments to company owners and minority shareholders

Auszahlungen aus Darlehen repayment of borrowings

Auszahlungen aus Zinsen borrowing costs

Auszahlungen für den Erwerb von Kapitalanlagen purchase of investments

Auszahlungen für den Erwerb von Tochterunternehmen purchase of subsidiaries

Auszahlungen für Investitionen in immaterielle Vermögenswerte und Sachanlagen payments for intangible assets and property, plant and equipment

Auszahlungskurs payout ratio

Auszug abstract

Auszug aus dem Sitzungsprotokoll abstract of minutes

Auszug, Konto~ statement of account

Aval guarantee (GB); guaranty (US); aval

Avalkredit surety acceptance; surety credit

B

Bankabstimmung bank reconciliation

Bankakzept bank acceptance

Bankauszug bank statement

Bankbestätigung bank confirmation

Bankdiskont bank discount

Bankdiskontsatz bank discount rate

Bankeinzahlung bank deposit

Bankgeschäft banking business

Bankguthaben cash at bank; bank balances

Bankkredit credit; loan

Bankkunde bank client

Banknote bill

Bankrott bankruptcy

Bankrott gehen to go bankrupt

Bankspesen bank charges

Banküberweisung bank transfer

Banküberziehungskredit bank overdraft facility

banküblich customary in banking

Bankzinsen bank interest

bar in cash

bar, gegen ~ for cash

Barauslagen out-of-pocket expenses

Barbezüge remuneration in cash

Bardividende cash dividend

Bargeld cash

Bargeld und Buchgeld cash and cash equivalents

Bargeschäft cash transaction

Barscheck open cheque

Barskonto cash discount

Barvermögen liquid assets

Barvorschuss cash advance

Barwert cash value; present value

Barwert dotierter Verpflichtungen present value of obligations

Barwert einer leistungsorientierten Verpflichtung present value of a defined benefit obligation

Barwertmethode present value method

Barzahlung cash payment; in cash

Basis basis

Basis für das unverwässerte Ergebnis je Aktie basis of the basic earnings per share

Basis für das verwässerte Ergebnis je Aktie basis of the diluted earnings per share

Basiswert underlying

Baufinanzierung construction financing

B

Bausparkasse building society (GB)

Bauten buildings

Bauten auf fremden Grundstücken buildings on third-party land

Beamter civil servant

beantragen to apply for

Bedarfsermittlung assessment of demand (➜)

Bedeutsamkeit relevance

bedingte Mietzahlung contingent rent

Bedingung condition; term

befreit (Steuer) exempt

befristet short-term; fixed-term

Befugnis authorisation

begebbar (börsenfähig) negotiable

Beginn des Leasingverhältnisses inception of a lease

beglaubigen to certify; to attest

Begünstigter beneficiary

beherrschender Einfluss dominant influence

Beherrschungs- und Ergebnisabführungsvertrag control and profit/loss transfer agreement

Beherrschungsvertrag dependency agreement; control agreement

bei Sicht at sight

Beirat advisory board; advisory council

Beitrag contribution; dues; premium (Versicherung)

Beitrag, Brutto~ gross premium

beitragsorientierter Plan defined contribution plan

Beitragsrückerstattung premium refund

Beitragsübertrag unearned premium reserve

Beitragsvorauszahlung advance premium payment

beizulegende Zeitwerte von Finanzinstrumenten fair values of financial instruments

beizulegender Zeitwert fair value

belasten to debit; to charge

belastender Vertrag onerous contract

Belastung charge; debit entry

Belastung von dinglichen Rechten oder Sachen encumbrance; lien; pledge

Belastung, außergewöhnliche ~ extraordinary expense

Belastung, steuerliche ~ tax burden

Belastungsanzeige debit note

Beleg voucher; receipt

beleihbar acceptable as collateral

beleihen to lend against security

Bemessung assessment

Bemessungsgrundlage basis of assessment

benachrichtigen to notify

Berater consultant; adviser

Beraterkompetenz consultant expertise

Beratung consulting

Beratungsausschuss advisory committee

Beratungskosten consultancy costs

Beratungsqualität quality consulting

berechtigt sein to be entitled to

Berechtigung authorisation

Bereitstellung (von Geldmitteln) appropriation; provision

Bericht report

Bericht des Aufsichtsrats report by the supervisory board

berichterstattendes Unternehmen reporting entity

Berichterstattung reporting

Berichtigung adjustment

Berichtigungsbuchung adjusting entry

Berichtsdatum reporting date

berichtspflichtig reportable

berichtspflichtiges Segment reportable segment

Berichtswährung reporting currency

Berichtswesen reporting

Berichtzeitraum reporting period

Berufung appeal (Gericht); appointment (in ein Amt)

Berufung einlegen to file an appeal

Beschaffung procurement; purchasing

Beschäftigte, geringfügig ~ marginal part-time employees

Beschäftigung employment

Beschäftigungsabweichung volume variance (➔)

bescheinigen to certify

Beschlussfassung resolution

beschränkt haftender Gesellschafter limited partner

beschränkt steuerpflichtig subject to limited taxation

beschränkt Steuerpflichtiger taxpayer subject to limited taxation

beschränkte Steuerpflicht limited tax liability

Besitz holding; ownership; possession

Besitz, im ~ in possession of

Besitzer owner

Besprechungsprotokoll minutes of a meeting

Bestand inventory (Waren); cash balance (Kasse); portfolio (Wertpapiere)

Bestand auf einem Konto account balance

Bestand aufnehmen to take inventory; to take stock

Bestandsabweichung inventory variance; inventory variation

Bestandskonto inventory account

Bestandsveränderungen change in work-in-process

Bestandsverlust inventory shrinkage

Bestandteil constituent

Bestandteile des Jahresabschlusses financial statements

B

Bestätigung confirmation; certification

Bestätigungsvermerk des Abschlussprüfers auditor's opinion; auditor's report

Bestellabwicklungskosten order processing costs

Bestellobligo purchase commitment

Bestellung (Auftrag) purchase order

Bestellung eines Abschlussprüfers appointment of an auditor

Besteuerung taxation

Besteuerungsgrundlage basis for taxation

Besteuerungszeitraum taxable period

Bestimmungen terms; provisions

Bestimmungen, ändernde ~ amendments

Bestimmungen, ergänzende ~ supplementary provisions

Bestimmungen, Übergangs~ transitional provisions

Bestimmungen, Zusatz~ supplementary provisions

Bestimmungen, zwingende ~ mandatory provisions

Beteiligung investment; interest; shareholding; participation; investment in an associate

Beteiligung, stille ~ silent partnership

Beteiligungen, Erträge aus ~ income from investments

Beteiligungserwerb acquisition of equity interest(s)

Beteiligungsgesellschaft associated company; company in which an interest is held; investee

Beteiligungskapital equity capital

Beteiligungsveräußerung sale of an equity interest

Betrag amount

Betrag, erzielbarer ~ recoverable amount

betreutes Vermögen funds under management

Betrieb business; company; factory; plant

betrieblich operational

betriebliche Altersversorgung occupational pension scheme

betriebliche Aufwendungen operating expenses

betriebliche Erträge operating income

betriebliches Risiko operational risk

Betriebs- und Geschäftsausstattung operating and office equipment (HGB)

Betriebs- und Hilfsstoffe consumables and supplies (HGB)

Betriebsablauf operating cycle

Betriebsabrechnung cost accounting

Betriebsabrechnungsbogen (BAB) cost distribution sheet (→)

Betriebsanlagen machinery and equipment

Betriebsaufgaben discontinuing operations

Betriebsaufwendungen operating expenses

Betriebsaufwendungen insgesamt total operating expenses

Betriebsausgabe expense; business related expense

Betriebsausstattung machinery and equipment

Betriebsberater business consultant

Betriebsbuchhalter cost accountant

Betriebsbuchhaltung cost accounting department

Betriebseinnahme income; business related income

Betriebseinrichtung plant and equipment

Betriebsergebnis earnings before interest and tax (EBIT); operating result (HGB)

Betriebsergebnisrechnung statement of operations (➔)

betriebsfremder Aufwand non-operating expense

betriebsfremder Ertrag non-operating income

Betriebsgewinn operating income

betriebsgewöhnliche Nutzungsdauer assumed useful life; economic life

Betriebshaftpflichtversicherung public liability insurance

Betriebsjahr business year

Betriebskalkulator cost estimator

Betriebskapital working capital

Betriebskosten operating costs

Betriebsleiter plant manager

Betriebsprüfer tax auditor; field tax auditor

Betriebsprüfung field tax audit

Betriebsrat works council

Betriebsstilllegung plant closure; plant shutdown

Betriebsunterbrechungsversicherung business-interruption insurance

Betriebsveräußerung sale of a business

Betriebsvermögen operating assets

betriebswirtschaftliche Kennzahlen business ratios

Betrug fraud

Bevollmächtigung authorisation; power of attorney

Beweis evidence; proof

Bewertung measurement; valuation

Bewertung zu aktuellen Marktpreisen mark to market

Bewertung zum beizulegenden Zeitwert measurement at fair value

Bewertung, vorsichtige ~ conservative valuation

Bewertungsänderung valuation change

Bewertungsänderung, allgemeine ~ general valuation change

B

29

B

Bewertungsfreiheit measurement option

Bewertungsgutachten valuation report; appraisal

Bewertungsmethode valuation method

Bewertungsvorschriften valuation rules

Bewertungszeitpunkt measurement date

Bewilligung approval

Bewirtungskosten entertainment expenses

Bezogener drawee

Bezüge emoluments; remuneration

Bezüge von Aufsichtsrat und Vorstand remuneration of the Supervisory Board and Executive Board

Bezugsrecht subscription right; share option (auf Aktien); pre-emptive right

Bilanz balance sheet

Bilanz, vorläufige ~ preliminary balance sheet

Bilanz, zusammengefasste ~ condensed balance sheet

Bilanzanalyse analysis of financial statements (→)

Bilanzänderung balance sheet change

Bilanzausschuss audit committee

Bilanzberichtigung balance sheet adjustment

Bilanzbeurteilung balance sheet evaluation

Bilanzfrisur window dressing

Bilanzgewinn retained earnings; net retained profits (HGB)

bilanzielle Abbildung von Sicherungszusammenhängen hedge accounting

bilanzieren enter/recognise/carry in the balance sheet; account for

bilanzierte Pensionsrückstellung pension provisions recognised in the balance sheet

Bilanzierung accounting

Bilanzierung von Anteilen an assoziierten Unternehmen accounting for investments in associates

Bilanzierungs- und Bewertungsmethoden accounting policies

Bilanzkonto balance sheet account

Bilanzkontrollgesetz accounting enforcement act (→)

Bilanzposition balance sheet item

Bilanzposten balance sheet item

Bilanzprüfung auditing of accounts

Bilanzrichtliniengesetz accounting directives act

Bilanzstichtag balance sheet date

Bilanzstruktur balance sheet structure

Bilanzsumme balance sheet total

Bilanzverlust accumulated deficit; net accumulated losses (HGB)

Bilanzwert balance sheet value

Bilanzwert gesamt balance sheet total

B

Bildung einer Reserve creation of a reserve

Bildung von Rücklagen recognition of/establishment of/settting up of reserves

Bildung von Rückstellungen recognition of/establishment of/setting up of provisions

Bildung von Wertberichtigungen recognition of valuation adjustments/allowances; recognition of write-downs/impairment losses

blanko blank

Blankokredit unsecured credit

Blueprint blueprint

Bonität credit standing

Bonus bonus

Börse stock exchange

Börsenaufsichtsbehörde securities and exchange commission (USA); stock exchange supervisory authorities (Germany)

börsenfähig quotable

Börsengeschäfte stock exchange dealings

Börsenhändler securities dealer; stock-broker

Börsenkurs market price; stock exchange price

Börsennotierung listing; quotation

Börsenprospekt prospectus

Börsentermingeschäft forward trading; trading in futures

Börsenumsatz stock market turnover

Break-Even-Analyse breakeven analysis (→)

Brief letter

Brief an die Aktionäre letter to the shareholders

Briefkurs offer; asking price

Bruchteil fraction

brutto gross

Bruttobeitrag gross premium

Bruttobetrag gross amount

Bruttoeinkommen gross income

Bruttoertrag gross revenues; gross proceeds

Bruttogewinn (als Rohertrag) gross profit; gross margin

Bruttolandschaftsprodukt gross domestic product

Bruttolohn gross wage

Bruttosozialprodukt gross national product (GNP)

Bruttoumsatz gross sales

Bruttowert gross value

Buch book; ledger

buchen to book; to post; to enter

Buchfälschung falsification of accounts

Buchführung accounting; bookkeeping

Buchführung, doppelte ~ double entry bookkeeping

Buchführung, einfache ~ single entry bookkeeping

Buchführung, periodengerechte ~ accrual basis of accounting

B

Buchführungspflicht duty to keep accounting records

Buchhalter accountant; bookkeeper

Buchhaltung accounting

Buchhaltungsgrundsätze accounting principles

Buchprüfer auditor

Buchung entry; booking; posting

Buchungssatz, einfacher ~ simple entry

Buchungssatz, zusammengesetzter ~ compound entry

Buchungszeitraum accounting period

Buchwert carrying value; book value

Buchwert, Übernahme zum Netto~ transfer at net book value

Buchwertabgang disposal at book value

Budget budget

Budgetabweichung budget variance

Budgetierung budgeting (➔)

Bundesamt für Finanzen Federal Treasury Department; Federal Department of Finance

Bundesanstalt für Finanzdienstleistungsaufsicht Federal Financial Supervisory Authority

Bundesanzeiger federal bulletin

Bundesbankguthaben deposits at Deutsche Bundesbank; central bank balances (HGB)

Bundesfinanzhof (BFH) supreme tax court

Bundesgesetzblatt federal gazette

Bundessteuerblatt federal tax bulletin

Bürge surety; guarantor

Bürgerliches Gesetzbuch (BGB) civil code

Bürgschaft guarantee; suretyship

Bürgschaftsverpflichtungen guarantee obligations

Büro office

Bürobedarf office supplies; stationery

Büroeinrichtung office furniture and equipment

Büroeinrichtungen office equipment

Büroinventar office equipment

Büromaterial office supplies; stationery

C

**Cashflow aus der Investitions-
tätigkeit** cash flow from investing
activities

**Cashflow aus Finanzierungstä-
tigkeit** cash flow from financing
activities

**Cashflow aus laufender Geschäft-
stätigkeit** cash flow from operating activities

Corporate Governance Bericht
corporate governance report

Courtage brokerage; broker's
commission

D

Dachgesellschaft holding company

Danksagung acknowledgements

Darlehen loan

Darlehensforderungen loans receivable

Darlehensverbindlichkeiten loans payable

Darstellung des Abschlusses presentation of financial statements

Darstellung, glaubwürdige ~ faithful representation

Darstellungswährung presentation currency

Data-Development-Analyse data development analysis (→)

Daten data

Daten eingeben to input data; to enter data

Datenanalyse data mining

Datenausgabe data output

Dateneingabe data input

Datenverarbeitung data processing

davon of which

Debitoren accounts receivable; receivables; trade receivables

Debitorenkonto account receivable

debitorische Kreditoren suppliers with debit balances

Deckungsbeitragsrechnung marginal costing; breakeven analysis (→)

Deckungsmittel covering funds

Deckungsrückstellung actuarial reserve

Delkredere collection risk

Depot securities portfolio; custodian account (US); safe custody account (GB)

Depotgeschäft custody business

Depotverbindlichkeit deposit liability

Derivat derivative

Derivaten, negative Marktwerte aus ~ negative market values from derivatives

derivative Finanzinstrumente derivative financial instruments

Devisen foreign exchange; foreign currency

Devisenbörse foreign exchange market (forex)

Devisenhandel foreign exchange business

Devisenkurs exchange rate

Devisentermingeschäfte forward currency transactions

Dienstalter years of service

Dienstleistung service

Dienstleistungsangebot portfolio of services

Dienstzeitaufwand service costs

Dienstzeitaufwand, laufender ~ current service costs

Dienstzeitaufwand, nachzuver-rechnender ~ past service costs

Differenzposten (bei einer Ab-stimmung) reconciling item

Direktabschreibung direct amortisation

direkte Abschreibung direct amortisation

direkte Darstellung der Cashflows aus der betrieblichen Tätigkeit direct method of reporting cash flows from operating activities

Direktversicherung direct insurance

Disagio discount; loan discount

Diskont discount

Diskontierungssatz discounting rate

Diskontkredit discount loan

Diskontsatz discount rate

Disponent scheduler

Dividende dividend

Dividende an Aktionäre dividends paid to shareholders

Dividende je Aktie in EUR dividend per share in €

Dividenden an Anteilseigner der Konzernmutter dividend paid to parents shareholders

Dividenden, ausgeschüttete ~ distributed dividends

Dividenden, erhaltene Zinsen und ~ interest and dividends received

Dividendenerträge dividend income

Dividendenrendite dividend yield

Dividendensatz dividend rate

Dividendensumme total dividend

Doppelbesteuerung double taxation

Doppelbesteuerungsabkommen double taxation agreement

drohende Verluste anticipated losses; contingent losses

Durchgangskonto internal transfer account

Durchlaufzeit lead time; throughput time

Durchschnitt average

durchschnittlich average

durchschnittliche Nutzungsdauer average useful life; average productive life

Durchschnittsgemeinkostensatz average overhead rate

Durchschnittsmethode weighted average cost method (→)

D

E

EBIT-Marge EBIT margin

Eckdaten basic data

EDV-Geräte IT equipment

EDV-Kosten IT costs

Effekten securities

Effektivverzinsung yield; actual interest return

Effektivzinsmethode effective interest method

Effizienzmessverfahren (nicht parametrisch) data development analysis

eidesstattliche Erklärung affidavit

Eigen- und Fremdkapital equity and liabilities

eigene Aktien, zurückgekaufte ~ treasury stock

eigene Anteile treasury shares

Eigenkapital equity; shareholders' equity; net worth

Eigenkapital, verwendbares ~ available net equity

Eigenkapitalinstrument equity instrument

Eigenkapitalrendite return on equity

Eigenkapitalspiegel statement of changes in shareholders' equity

Eigenkapitalzuführung transfer to equity

Eigenleistungen own work

Eigenleistungen, aktivierte ~ own costs capitalised

Eigentum ownership

Eigentum übertragen to transfer title

Eigentum, persönliches ~ personal property

Eigentumsrecht property right; freehold (an Grundbesitz)

Eigentumsübertragung transfer of title

Eigentumsvorbehalt retention of title

Eigentumswechsel change of ownership

Einbauten auf fremden Grundstücken leasehold improvements

Einbauten in gemieteten Geschäftsräumen leasehold improvements

Einbehalt retention

Einfuhrabgaben customs duties

Einfuhrzoll import duty

eingebettete derivative Finanzinstrumente embedded derivatives

eingetragener Verein (e.V.) registered association

Einigungsdatum agreement date

Einkauf purchasing

Einkaufsverpflichtung purchase commitment

Einkommen income

Einkommen, zu versteuerndes ~ taxable income

Einkommenssteuer income tax

Einkommensteuererklärung income tax return

Einkommensteuergesetz income tax law

Einkünfte income

Einlage capital contribution

Einlage, ausstehende ~ unpaid capital contribution

Einlage, befristete ~ time deposit; fixed deposit

einlösbar redeemable

Einlösung redemption

einmalig one-off; nonrecurring

einmalige Aufwendung one-off expense

Einnahmen income; proceeds; cash receipts

Einreichungsfrist filing deadline

Einrichtungsgegenstände (bewegliche und eingebaute) furniture and fixtures

einschließlich including

Einspruch plea

Einspruch einlegen to file a protest

Einstandspflichten factoring

Einstandspreis acquisition cost; cost price

einstellen in Rücklagen to transfer to reserves

eintragen to record; to enter

Eintragung (ins Handelsregister) registration (in the trade register)

Einwendung objection

einzahlen to deposit; to pay in

Einzahlung payment; inpayment

Einzahlung aus Abgängen von Finanzanlagen proceeds from the disposal of financial investments

Einzahlungen aus Abgängen von immateriellen Vermögenswerte und Sachanlagen proceeds from the disposal of intangible assets and property, plant and equipment

Einzahlung aus Ausgabe von Anteilen proceeds from issue of shares

Einzahlungen aus Darlehen proceeds from borrowings

Einzahlungen aus dem Verkauf von Kapitalanlagen des Anlagestocks proceeds from the sale of investments held on account and at risk of life insurance policy-holders

Einzahlungen aus dem Verkauf von Vermögensgegenständen proceeds from sale of property, plant and equipment

Einzahlungen aus Eigenkapitalzuführungen proceeds from transfer to equity

Einzahlungen aus Zinserlösen interest received

E

Einzahlungen von Kunden receipt from customers

Einzahlungsbeleg deposit slip

Einzelabschlüsse separate/single-entity financial statements

Einzelhandel retail trade

Einzelkosten unit costs; direct costs (→)

Einzelunternehmen sole proprietorship

Einzelwertberichtigung specific valuation allowance

Einzelwertberichtigung, pauschalierte ~ general allowance for bad debt

Einziehung collection (von Schulden); confiscation (von Vermögen)

eiserner Bestand base stock

Eliminierung elimination

Emission issue

Emissionskurs issue price

Endbestand closing balance

Enddatum end of a term

Endfälligkeit final due date; final maturity

Endfälligkeit, bis zur ~ gehaltene Wertpapiere held-to-maturity securities

Engpass bottleneck

Enteignung dispossession; confiscation

entfallen auf attributable to; account for

Entlassung notice; dismissal; layoff

Entlohnung pay; remuneration

Entnahme withdrawal

Entschädigung indemnification; compensation

Entscheidung decision

Entscheidungsnutzen decision usefulness

Entsprechenserklärung declaration of compliance

Entwicklung development

Entwicklung der Aktie share price performance

Entwicklungskosten development costs

Entwurf draft

Equity-Methode equity method (→)

Erbe heir; beneficiary (Person); inheritance (das Erbe)

Erbpacht emphyteusis

Erbschaft inheritance

Erbschaftssteuer inheritance tax

Ereignisse nach dem Bilanzstichtag events after the balance sheet date

erfahrungsbedingte Anpassungen experience adjustments

Erfolgsbeteiligung profit sharing

Erfolgshonorar contingent fee

Erfolgsrechnung income statement

Erfolgsrechnung, konsolidierte ~ consolidated income statement

Erfolgsrechnung, zusammengefasste ~ für mehrere Jahre earnings summary erfolgswirksame Veränderung der Rückstellung für latente Beitragsrückerstattung changes to deferred provision for premium refunds included in the operating result

Erfüllungsbetrag settlement value

Erfüllungstag settlement date

ergänzen, ändern amend

Ergebnis net profit/loss; earnings; result

Ergebnis der betrieblichen Geschäftstätigkeit earnings before interest and tax (EBIT); profit from operations

Ergebnis der gewöhnlichen Geschäftstätigkeit earnings before tax (EBT); result from ordinary activities (HGB); profit before tax

Ergebnis je Aktie earnings per share

Ergebnisabführung profit/loss transfer

Ergebnisabführungsvertrag profit/loss transfer agreement

Ergebnisanteile, auf Minderheiten entfallende ~ minority interest

Ergebnisverwendung disposition of earnings

Ergebnisvortrag profit/loss carried forward; unappropriated net income

ergebniswirksamer finanzieller Vermögenswert oder Verbindlichkeit financial asset or financial liability at fair value through profit or loss

erhaltene staatliche Beihilfen receipt of government grants

Erhöhung increase

Erklärung explanation; declaration

Erklärung, eidesstattliche ~ affidavit

Erlass (Verordnung) decree

Erläuterungen zum Jahresabschluss notes to the financial statements

Erlös proceeds; revenue; income

ermäßigter Steuersatz reduced tax rate

Ermäßigung reduction

Eröffnung opening

Eröffnungsbilanz opening balance sheet

Eröffnungsbuchung opening entry

Eröffnungssaldo opening balance

Erstanwender first-time adopter

Erstattungsanspruch claim for refund

erstmaliger IFRS-Abschluss first IFRS financial statements

erstmaliges IFRS-Berichtsjahr first IFRS reporting period

Ertrag income; revenue

Erträge aus Ausleihungen income from loans

Erträge aus Beteiligungen income from associated companies; income from investments; income from long-term equity investments; results of investments held at equity

Erträge aus dem Abgang von Anlagevermögen income from disposal of fixed assets

E

39

Erträge aus dem Abgang von immateriellen Vermögenswerten und Sachanlagen income from the disposal of intangible assets and property, plant and equipment

Erträge aus der Auflösung von Rückstellungen income from the reversal of provisions

Erträge aus sonstigen Vermögensgegenständen des Finanzanlagevermögens income from investments

Erträge mit anderen Segmenten inter-segment income

Erträge mit Dritten income from third parties

Erträge, außerordentliche ~ extraordinary income

Erträge, betriebliche ~ operating income

Erträge, laufende ~ current income

Erträge, neutrale ~ non-operating income

Erträge, sonstige ~ other income

ertragsbezogene Zuwendungen grants related to income

Ertragschwelle break-even point

Ertragskraft earning power

Ertragslage financial position; result situation

Ertragsteuer income tax

Ertragsteueraufwand income tax expenditure

Ertragsteueraufwand, rechnerischer ~ calculated income tax expenditure

Ertragsteuerertrag income tax revenue

Ertragsteuern, gezahlte ~ income taxes paid

Ertragsteuern, periodenfremde ~ income tax not relating to the period

Ertragsteuersatz income tax rate

erwartet anticipated

Erweiterung expansion; extension

Erweiterung des Geschäftsbetriebs business expansion

Erwerb (Kauf) acquisition

Erwerb von purchase of

Erwerbsmethode purchase accounting (→)

Erwerbsunfähigkeit incapacity to work

Erwerbszeitpunkt acquisition date

Erzeugnis, fertiges ~ finished product

Erzeugnis, unfertiges (halbfertiges) ~ work in progress; semi-finished goods

erzielbarer Betrag recoverable amount

Eventualforderung contingent asset

Eventualschuld contingent liability

Eventualverbindlichkeit contingent liability

Existenzminimum subsistence level

F

F+E Controlling R&D controlling (→)

Fabrikat make

Fachanwalt für Steuerrecht tax attorney

Factoringgeschäft factoring

fahrlässig negligent

Fahrtkosten travel expenses; transportation costs

Fahrtkosten zur Arbeitsstelle commuting expenses

faktische Verpflichtung constructive obligation

Fakturierung billing; invoicing

fällig due; payable

fällige Ertragsteuern income tax payable

fällige Steuerschuld tax liability

Fälligkeit maturity; due date

Fälligkeitstermin due date; maturity date; deadline

Falschgeld counterfeit money

Fälschung forgery

Fehlbetrag deficit; shortage

Fehler aus vorherigen Perioden prior period errors

Fehlinvestition bad investment

fertige Erzeugnisse finished goods

Fertigung production; manufacturing

Fertigungsauftrag production order

Fertigungsgemeinkosten indirect costs; manufacturing overheads

Fertigungsgemeinkosten, umgelegte ~ absorbed manufacturing overheads

Fertigungskosten production costs; manufacturing costs

Fertigungskostenstelle production cost centre

Fertigungslohn direct labour

Fertigungsplanung production scheduling

Fertigware finished goods

feste Kaufverpflichtung firm purchase commitment

feste Verpflichtung firm commitment

Festgeld time deposit

festlegen (im Vertrag) to stipulate

Festpreis controlled price; fixed price

Festpreisvertrag fixed price contract

Festsatzzahler fixed rate payer

Feststellung determination; establishment; conclusion

F

festverzinslich fixed interest-bearing

Festwert fixed value; base value

Festzins fixed interest

Festzinsverbindlichkeiten fixed interest payment obligations

Festzinszahler fixed rate payer

FIFO FIFO (first-in, first-out)

fiktive Buchung fictitious entry

Filiale branch; branch office

Finanzamt tax office; finance office

Finanzanlagen financial investments; financial assets

Finanzbehörde tax authorities

Finanzdienstleister financial services provider

Finanzdirektor treasurer

Finanzergebnis finance cost; financial items (net)

Finanzgericht fiscal court; lower tax court

finanzielle Verbindlichkeit financial liability

finanzieller Vermögenswert financial asset

Finanzierung financing

Finanzierungsart financing type

Finanzierungskosten cost of financing

Finanzierungsleasing finance lease

Finanzierungsmittel means of financing

Finanzierungstätigkeit financing activity

Finanzinstrument financial instrument

Finanzinvestition financial investment; investment property

Finanzinvestition, langfristige ~ long-term financial investment

Finanzinvestition; als ~ gehaltene Immobilie investment property

Finanzkalender financial calendar

Finanzkonzept financial plan

Finanzkredit loan

Finanzlage financial position

Finanzmanagement financial management

Finanzmittel cash and cash equivalents; funds

Finanzmittelbestand cash and cash equivalents

Finanzmittelbestand am Anfang der Periode cash and cash equivalents at beginning of period

Finanzmittelbestand am Ende der Periode cash and cash equivalents at end of period

Finanzplanung financial planning; budgeting

Finanzvermögen financial assets

Finanzvorstand Chief Financial Officer (CFO)

finanzwirtschaftliche Risiken financial risks

Firmensitz registered office

Firmensitz, mit ~ in based in

Firmenwert goodwill

fiskalisch fiscal

Fiskus tax authorities; treasury

fixe Produktionsgemeinkosten fixed production overheads

Fixkosten fixed costs (→)

Fluktuation employee turnover

Fluktuation, rechnerische ~ calculated employee turnover

flüssige Mittel liquid assets

Flutopfersolidaritätsgesetz flood victim solidarity act

Folgezahlungen subsequent payments

Fonds fund

Forderungen accounts receivable; receivables

Forderungen an Kreditinstitute receivables from financial institutions

Forderungen an Kunden receivables from customers

Forderungen aus Lieferungen und Leistungen trade receivables

Forderungen aus noch nicht abgerechneten Leistungen accrued receivables; unbilled receivables

Forderungen aus Warenlieferungen und Leistungen trade accounts receivable

Forderungen gegen receivables from

Forderungen gegenüber verbundenen Unternehmen accounts receivable due from affiliated companies

Forderungen mit einer Restlaufzeit von mehr als einem Jahr accounts receivable with a remaining term of more than one year

Forderungen, Fremdwährungs~ foreign currency receivables

Forderungen, kurzfristige ~ short-term receivables

Forderungen, langfristige ~ long-term receivables

Forderungen, überfällige ~ overdue receivables

Forderungen, uneinbringliche ~ uncollectible accounts; bad debts

Forderungen, Verkauf von ~ factoring

Forderungsabtretung assignment of accounts receivable

Forderungsausfälle bad debt losses

Förderungsprojekt sponsoring project

Forderungsverzicht waiver of receivable

Forfaitierung forfeiting; non-recourse financing

Forschung research

Forschung und Entwicklung research and development

Forschungs- und Entwicklungskosten research and development costs

fortgeführte Geschäftsbereiche continued operations

Frachtbrief bill of lading (B/L)

frei an Bord (fob) free on board (fob)

frei auf Waggon (fot) free on track (fot)

frei längsseits des Schiffes (fas) free alongside ship (fas)

frei Schiff (fos) free on ship (fos)

frei Versandbahnhof (for) free on rail (for)

Freigabe (von Mitteln) release (of funds)

Freigabe des Konzernabschlusses release of the consolidated financial statements

Freigrenze exemption limit

freiwillige soziale Aufwendungen voluntary social security contributions; voluntary social benefits

Fremdkapitalkosten borrowing costs

Fremdlager consigned inventory

Fremdleistung third party work/service

Fremdvergleich arm's length principle

Fremdwährung foreign currency

Fremdwährungsforderungen foreign currency receivables

Fremdwährungsgeschäft foreign currency transaction

Fremdwährungsumrechnung foreign currency translation

Fremdwährungsverbindlichkeit foreign currency liability

Frist period; term

Frist; Zahlungs~ term of payment

Fristablauf expiration

fristlos without notice

Fristverlängerung extension of time/term/maturity

Fristverlängerungsantrag application for extension of time to file

Frühpensionierung early retirement

Führungskräfte, mittlere ~ middle management

Führungskräfte, obere ~ top management; executives

Funktionalwährung functional currency

Fusion merger

G

GAP-Analyse gap analysis (→)

Garantie guarantee; warranty

garantieren to guarantee; to assure;
to underwrite (eine Wertpapier-
emission)

garantierter Restwert guaranteed
residual value

Garantieverpflichtung guarantee;
warranty obligation

Gebäude building

Gebäudekosten costs of premises

gebucht posted; booked

Gebühr fee; charge

Gegenakkreditiv back-to-back
credit; countervailing credit (US)

Gegenangebot counteroffer

Gegenbuchung contra entry

Gegenkonto contra account

Gegenstandswert present value

Gegenswap reverse swap

Gehalt salary

Gehaltsabrechnung payroll; salary
account; salary statement

Gehaltsabzüge payroll deductions

Gehaltsempfänger salaried employee

Gehaltsentwicklung salary development

Geld money

Geld, Bar~ cash

Geldabwertung devaluation

Geldanlage investment

Geldausgang cash disbursement

Geldeingang cash receipt

Geldeinzug collection

Geldkurs bid; bid price

Geldmarkt money market

Geldpolitik monetary policy

Geldstrafe fine; penalty

Geldumlauf currency in circulation

geldwerter Vorteil pecuniary
advantage

geleistete Anzahlungen prepayments

Gemeinkosten indirect costs;
overheads; overhead expenses

Gemeinkosten, verrechnete ~
overhead expenses absorbed

Gemeinkostenabweichung
overhead variance

Gemeinkostenlöhne indirect labour

Gemeinkostenmaterial indirect
material

Gemeinkostensatz overhead rate

Gemeinkostenwertanalyse (GWA)
overhead cost analysis (→)

gemeinnützig non-profit

gemeinnützige Organisation non-profit institution

gemeinschaftlich geführte Einheit jointly controlled entity

gemeinschaftliche Vermögenswerte corporate assets

gemeinschaftliches Kontrollverhältnis joint control

Genehmigung approval; permission

Genussschein participation certificate

Gericht court

Gerichtsprozess lawsuit; litigation

Gerichtsstand court of jurisdiction

Gerichtsverhandlung trial; session; hearing

geringfügig minor; immaterial

geringfügig Beschäftigte marginal part-time employees

geringwertige Wirtschaftsgüter low value items

gesamt total

Gesamtbetriebskosten total cost of ownership (TCO)

Gesamtertrag total revenues

Gesamthaftung joint liability

Gesamtkostenverfahren nature of expense method; total cost (nature of expense) format (HGB)

Gesamtrisiko overall risk

Gesamtschuldner joint debtor

gesamtschuldnerisch joint and several

gesamtschuldnerisch haften jointly and severally liable

Gesamtsegmentschulden total segment liabilities

Gesamtsegmentvermögen total segment assets

Geschäft business; transaction

Geschäfte, schwebende ~ pending transactions

Geschäftsausstattung office equipment

Geschäftsbedingungen, allgemeine ~ general terms of business

Geschäftsbereich business segment; division

Geschäftsbereiche, aufgegebene ~ discontinued operations

Geschäftsbereiche, fortgeführte ~ continued operations

Geschäftsbericht annual report

Geschäftsfeld business segment

Geschäftsführer general manager; managing director

Geschäftsführungsorgan management body

Geschäftsjahr financial year; fiscal year

Geschäftsjahr, laufendes ~ current fiscal year

Geschäftsleitung management

Geschäftsmodell business model

Geschäftsreise business trip

Geschäftssegment business segment

Geschäftssitz place of business

Geschäftsstelle branch office

Geschäftsstellenleiter office manager; branch manager

Geschäftstätigkeit business operations; business transaction

Geschäftstätigkeit, Cashflow aus der laufenden ~ cash flow from operating activities

Geschäftsteilhaber partner

Geschäftsübertragung transfer of business

Geschäftsvorfälle mit nahe stehenden Unternehmen und Personen related party transaction

Geschäftswert goodwill

Geschäftszweig business segment

Gesellschaft company

Gesellschaft mit beschränkter Haftung (GmbH) limited liability company

Gesellschaft, beherrschte ~ controlled company

Gesellschaft, herrschende ~ controlling company

Gesellschaft, Kommandit~ limited partnership

Gesellschaft, nahe stehende ~ affiliate; affiliated company

Gesellschaft, offene Handelsgesellschaft (OHG) general partnership

Gesellschaft, Personen~ partnership

Gesellschaft, Tochter~ subsidiary

Gesellschafter einer Kapitalgesellschaft shareholder

Gesellschafter einer Personengesellschaft partner

Gesellschafter; beschränkt haftender ~ limited partner

Gesellschafter; persönlich haftender ~ general partner; personally liable partner

Gesellschafterausschuss shareholders' committee

Gesellschafterdarlehen shareholders' loan

Gesellschafterversammlung annual general meeting; shareholders' meeting (Kapitalgesellschaft) or partners' meeting (Personengesellschaft)

Gesellschaftsanteil share/stake in a company

Gesellschaftskapital partnership capital (Personengesellschaft); share capital (Kapitalgesellschaft)

Gesellschaftsrecht company law

Gesellschaftssitz registered office

Gesetz act; law

Gesetzeslücke loophole

Gesetzesrecht statute law

gesetzliche Bestimmung legal provision

gesetzliche Vorschriften legal requirements

gesetzwidrig unlawful; illegal

gesichert secured

gesichertes Grundgeschäft hedged item

gewähren to allow; to grant

G

47

Gewährleistung warranty; guarantee

Gewährleistungsansprüche warranty claims

Gewährleistungsvertrag warranty agreement

gewährte Skonti discounts granted

Gewährungszeitpunkt grant date

Gewerbe trade

Gewerbesteuer trade tax

Gewerbesteuerbelastung trade tax charge

Gewerbesteuerbelastung, abweichende ~ divergent trade tax charge

Gewerbesteuerhebesatz municipal trade tax levy rate

Gewerbesteuersatz municipal trade tax rate

gewerblich industrial; commercial

gewerbliches Schutzrecht industrial property right

gewichtet weighted

gewichteter Durchschnitt weighted average number of shares for the basic earnings per share

Gewichtung weighting

Gewinn profit; net income; gain

Gewinn bei Veräußerung von Vermögensteilen capital gain

Gewinn je Aktie basic earnings per share

Gewinn nach Steuerabzug net income after taxes; after-tax profit

Gewinn- und Verlustrechnung income statement; profit & loss account

Gewinn- und Verlustrechnung Konzern consolidated income statement

Gewinn vor Ertragsteuern profit before tax; pre-tax profit

Gewinn, ausgeschütteter ~ distributed income; dividend

Gewinn, Bilanz~ retained earnings; net retained profits (HGB)

Gewinn, entgangener ~ lost profit

Gewinn, in Rücklagen eingestellter ~ earnings appropriated to reserves; transfers to reserves

Gewinn, nicht ausgeschütteter ~ undistributed income

Gewinn, nicht realisierter ~ unrealised gain

Gewinn, Rein~ net income; net profit

Gewinn, steuerpflichtiger ~ taxable income

Gewinn/Verlust aus dem Abgang von Finanzanlagen gain/loss on disposal of financial assets; realised capital gains/losses

Gewinn/Verlust aus dem Abgang von Gegenständen des Anlagevermögens gain/loss on disposal of fixed assets (HGB); gain/loss on disposal of non-current assets (IAS)

Gewinn/Verlust aus dem Abgang von immateriellen Vermögenswerte und Sachanlagen gain/loss on disposal of intangible assets and tangible fixed assets (HGB); gain/loss on disposal of intangible assets and property, plant and equipment (IAS)

Gewinnabführungsvertrag profit and loss transfer agreement

Gewinnabführungsverträgen, Erträge aus ~ income from profit and loss transfer agreements

gewinnabhängig profit-related

Gewinnanteil profit share

Gewinnaufschlag profit make-up; profit margin

Gewinnausschüttung profit distribution; distribution of earnings

Gewinnausschüttung, verdeckte ~ constructive dividend; hidden profit distribution

Gewinnbeteiligung profit participation; profit sharing

Gewinne vor Zinsen, Steuern und Abschreibungen EBITDA (earnings before interest, taxes, depreciation and amortisation)

Gewinnermittlung net income determination

Gewinnermittlungsart method of income determination

Gewinnmarge profit margin

Gewinnrealisierung profit recognition; profit realisation

Gewinnrealisierung nach Fertigstellungsgrad percentage of completion method (➜)

Gewinnrücklagen retained earnings

Gewinnspanne profit margin

Gewinnverlagerung profit shifting

Gewinnverteilung profit distribution; distribution of retained earnings

Gewinnverwendung appropriation of (retained) earnings

Gewinnverwendungsbeschluss resolution on appropriation of retained earnings

Gewinnverwendungsvorschlag proposal on appropriation of retained earning

Gewinnvortrag retained earnings brought forward

gezahlte Einkommenssteuer income tax paid

gezeichnet subscribed

gezillmert zillmerised

Gläubiger creditor

glaubwürdige Darstellung faithful representation

Gleichbehandlung neutrality of treatment

gliedern to classify; to structure; to subdivide

Gliederung classification

Gliederungssystem system of classification; format

Gliederungsvorschriften requirements for the classification of accounts

Globalabtretung general assignment

globaler interner Sicherungszusammenhang macro hedge

G

Globalverrechnungsvertrag master netting arrangement

GMK-Analyse LMS analysis (➔)

Goodwill, originärer ~ created goodwill

Gratifikation bonus

Grenzfremdkapitalzinssatz marginal borrowing costs

Grenzkosten marginal costs

Grenzkostenrechnung marginal costing

Grundannahmen underlying assumptions

Grundbesitz real estate

Grundbesitzabgaben real estate levies

Grundbuch (bei Grundstücken) land charge register

Grundbuchamt land registry

Grundbuchauszug abstract of title; land register extract

Grunddienstbarkeit easement

Grundeigentümer landowner

Gründer founder

Grunderwerbssteuer real estate transfer tax; real estate acquisition tax

Grundgehalt base salary

Grundgesetz constitution

Grundkapital share capital (GB); capital stock (US); issued capital

Grundkapital, Anteil am ~ percentage of share capital

Grundkapital, eingezahltes ~ paid-in share capital

Grundkapital, genehmigtes ~ authorised share capital

Grundlagen principles

Grundlagen der Rechnungslegung basis of accounting

Grundlohn basic wage

Grundsatz des Fremdvergleichs arm's length principle (➔)

Grundsätze ordnungsmäßiger Buchführung (GOB) financial accounting and reporting principles

Grundsätze ordnungsmäßiger Prüfung generally accepted auditing standards

Grundsätze ordnungsmäßiger Rechnungslegung generally accepted accounting principles (GAAP)

Grundsatzurteil landmark decision

Grundschuld land charge

Grundsteuer land tax (US); rates (GB)

Grundstück land; site

Grundstücke und Gebäude land and buildings

Grundstücke, fremde ~ third-party land; leasehold properties

grundstücksgleiche Rechte leasehold rights

Gründungsbericht statutory report

Gründungskosten incorporation expenses

Gruppe von Sachanlagen class of assets

G

Gruppenabschreibung composite rate method of depreciation

Gruppenunternehmen group companies

gültig valid

Gutachten expert opinion

gutgläubig bona fide

Guthaben credit balance; deposit; assets

Guthaben bei Kreditinstituten bank balances

Gutschrift (in den Büchern) credit entry

Gutschriftanzeige credit note

G

H

Haben/Soll credit/debit

Habenbuchung credit entry

Habensaldo credit balance

Habenzinsen interest income

Hafteinlage liable capital; liability capital

haften to be liable

Haftung liability

Haftungsbeginn inception of liability

Haftungsbeschränkung limitation of liability

Haftungserklärung declaration of liability

Halbeinkünfteverfahren half income method

Halbfabrikate (unfertige Erzeugnisse) semi-finished products; work in progress

halbjährlich semi-annually; half-yearly; every 6 months

Handbuch manual

Handel business; trading

Handelsbestände financial assets held for trading

Handelsbilanz balance of trade; commercial balance sheet

Handelsbrauch business custom

Handelsembargo embargo

Handelsgeschäfte commercial transactions; trading; trades

Handelsgesellschaft, offene ~ (OHG) general partnership

Handelsgesetzbuch German Commercial Code

Handelskammer chamber of commerce

Handelsmarke brand

Handelsrabatt trade discount

Handelsrecht commercial law

Handelsregister trade register; commercial register

Handelsregisterauszug certificate of registration; commercial register extract

Handelsspanne trading range; spread; margin

Handelstag trade date

Handelsvertreter commercial agent; sales agent

Handelsvolumen trading/transaction volume

Handelsvolumen, durchschnittliches ~ pro Tag average daily turnover

Handelswarenkalkulation resale price calculation (→)

Handlungsbevollmächtigter authorised signatory

Handlungsvollmacht power of attorney

Hauptbuch general ledger

Hauptlieferant prime supplier

Hauptversammlung annual general meeting

Hebelwirkung leverage effect (→)

Hebesatz levy rate

Herabsetzung reduction; decrease

Herausgeber publisher

herrschendes Unternehmen controlling company; dominant enterprise

Herstellungskosten cost of production; manufacturing cost; cost of conversion (IAS)

Hilfs- und Betriebsstoffe consumables and supplies (HGB)

Hilfsbuch subsidiary ledger

Hilfskonto sub-account

Hilfslöhne indirect labour costs

Hinterlegung deposit

Hinterlegung von Urkunden bei Dritten escrow

Hinterziehung von Steuern tax fraud; tax evasion

historische Anschaffungs- oder Herstellungskosten historical cost

höhere Gewalt force majeure; act of God

Holdinggesellschaft holding company

Honorar fee

Hyperinflation hyperinflation

Hypothek mortgage

Hypothekenpfandbrief mortgage bond

Hypothekenpfandrecht mortgage lien

Hypothekenschuld mortgage deb

H

I

ideeller Firmenwert goodwill

im Voraus in advance; upfront; pre~

immaterieller Vermögenswert intangible asset

Immobilien real estate

Imparitätsprinzip principle of prudence

in gutem Glauben bona fide

in Kraft treten to come into force

in Zahlung geben to trade in

inaktives Konto dormant account

Inanspruchnahme availment; utilisation; use; draw-down

indirekte Besteuerung indirect taxation

indirekte Löhne indirect labour

Indossament endorsement

indossieren to endorse

Industrie- und Handelskammer chamber of commerce and industry

Ingangsetzung start-up

Inhaber owner; proprietor; bearer; holder

Inhaberaktie bearer stock

Inhaberpapier bearer certificate

Inhaberschuldverschreibung bearer bond

Inhaltsverzeichnis table of contents

Inkasso collection

Inkrafttreten effective date

inländisch domestic

Inlandsgeschäft domestic business

Innenrevision internal audit

Innenrevisor internal auditor

Innenumsatz intracompany sales

innerbetrieblich internal; intracompany

innerbetriebliche Leistungen internal services (➔)

innerer Wert intrinsic value

insgesamt in total

Insolvenz insolvency

Instandhaltung und Reparaturen repairs and maintenance

Instandhaltungskosten repair and maintenance costs

Interessengemeinschaft joint venture; syndicate

Interimsaktie bearer scrip

Interimsschein scrip

intern internal

Internationaler Währungsfonds (IWF) International Monetary Fund (IMF)

interne Revision internal audit
(➔)

Invalidenrente disability pension

Invalidenversicherung disability insurance

Inventar, Büro~ office equipment

Inventarstück fixture

Inventur durch körperliche Bestandsaufnahme stocktaking; physical inventory count/taking

Inventur, permanente ~ perpetual inventory taking

Inventurbewertungsmethode inventory valuation method

Inventurzettel inventory tag

Investition capital expenditure; investment

Investitionen in immat. Vermögenswerte und Sachanlagen purchase of intangible assets and tangible fixed assets (HGB); payments to acquire intangible assets and property, plant and equipment (IAS)

Investitionskredit investment credit

Investitionsplan capital spending plan

Investitionsplanungsrechnung investment planning analysis (➔)

Investitionstätigkeiten investing activities

Investmentfonds investment fund

isolierende Betrachtungsweise isolating approach

Istkosten actual cost

J

Jahresabrechnung annual account

Jahresabschluss annual financial statements; year-end closing

Jahresabschluss, Anhang zum ~ notes to the financial statements

Jahresabschluss, geprüfter ~ audited financial statements

Jahresabschlussprüfung annual audit

Jahresbeitrag annual premium

Jahresbericht annual report

Jahreseinkommen annual income

Jahresendabrechnung year-end closing

Jahresergebnis vor Ertragsteuern profit/loss for the period before tax

Jahresfehlbetrag net loss for the period

Jahresgewinn net income for the year

Jahreshöchststand annual high

Jahrestief annual low

Jahresüberschuss net profit for the period

Jahresvergleich year-on-year comparison

Jahresvergleich, Kennzahlen im ~ key figures compared to previous year

juristische Person legal entity

K

Kalkulation cost estimation

kalkulatorische Abschreibung
imputed depreciation

kalkulatorische Kosten imputed
costs (→)

kalkulatorische Zinsen imputed
interest (→)

Kapazität capacity

Kapazität, freie ~ spare capacity

Kapazität, ungenutzte ~ idle capacity

Kapazitätsauslastung capacity
utilization; utilization of capacity

Kapazitätsausnutzung utilization
of capacity

Kapital capital

Kapital und Zinsen principal and
interest

Kapital, einbezahltes ~ paid-in
capital

Kapital, genehmigtes ~ capital
authorised for issue

Kapital, gezeichnetes ~ share
capital; subscribed capital

Kapitalanlage investment

Kapitalanlagegesellschaft investment company

Kapitalanlagen, Aufwendungen
für ~ investment costs

Kapitalanlagen, Finanzerträge aus
~ income from investments

Kapitalanlagen, sonstige ~ other
investments

Kapitalanlagerisiko investment
risk

Kapitalanteil capital share

Kapitalbedarf capital requirements

Kapitalbeteiligungsleistungen
equity compensation benefits

Kapitaleinlage capital share paid in

Kapitalerhöhung capital increase

Kapitalertrag capital yield

Kapitalerträge investment income

Kapitalertragsteuer capital yields
tax

Kapitalflussrechnung cash flow
statement (→)

Kapitalgesellschaft corporation

kapitalisieren to capitalise

Kapitalisierungszinsfuß discount
rate

Kapitallebensversicherung endowment life insurance

Kapitalmarktzinsen capital market
interest rate

Kapitalmaßnahme capital increase

Kapitalrendite ROI (return on
investment)

Kapitalreserven capital surplus

Kapitalrückführung paid-in surplus; capital surplus; capital reserves

Kapitalrücklage capital reserves; share premium

Kapitalumschlag capital turnover

Kapitalverlust capital loss

Kapitalverzinsung return on investment

Kapitalzins interest on capital

Kartell trust

Kartellgesetz anti-trust law

Kassenbestand cash on hand

Kassenprüfung cash audit

Kauf purchase

Kauf anderen Finanzvermögens purchase of other financial assets

Kauf von Finanzanlagevermögen purchase of investment property

Kauf von immateriellen Vermögen purchase of intangible assets

Kaufauftrag purchase order

Kaufkraft purchasing power

Kaufoption call option

Kaufvertrag mit Eigentumsvorbehalt conditional sales contract

Kaution security; deposit (für eine Wohnung)

Kennzahl key indicator; ratio; key figure (→)

Kennziffern; Kerndaten key data; key performance indicators

Klage suit; action

Klage erheben to sue; to file a suit

Klageentgegnung plea

Klagegrund cause of action

Klagerecht right of action; right to file an action

Klausel clause; stipulation

Kommanditgesellschaft (KG) limited partnership

Kommanditist limited partner

Kommission consignment

Kommissionär consignee; broker

Kompensationsgeschäft barter transaction

Kompetenz competence (Fähigkeit); responsibility (Zuständigkeit)

Kompetenz, Berater~ consultant expertise

Komplementär general partner

Komplexitätskosten complexity costs (→)

Konkurrenz competition

Konkurs bankruptcy

Konkurs anmelden file for bankruptcy

Konkurseröffnung adjudication in bankruptcy; opening of bankruptcy proceedings

Konkursgläubiger creditor in bankruptcy

Konkursmasse bankrupt's estate; bankrupt's assets

Konkursschuldner bankrupt

Konkursverfahren bankruptcy proceedings

Konkursverwalter receiver; administrator

Konkursverwaltung receivership

Konsolidierte Abschlüsse und Bilanzierung von Anteilen an Tochterunternehmen consolidated financial statements and accounting for investments in subsidiaries

konsolidierte Bilanz consolidated balance sheet

Konsolidierung consolidation

Konsolidierungsgrundsätze principles of consolidation

Konsolidierungskreis scope of consolidation

Konsolidierungskreis, Änderung des ~es changes to the scope of consolidation

Konsolidierungsmaßnahme consolidation measure

Konsolidierungsmethode method of consolidation

Konsolidierungsvorgänge consolidation processes

Konsortialgeschäft syndicate business; business on joint account

Konsortialgeschäften, Erträge aus ~ income from syndicate business

Konsortium financial syndicate; consortium

Kontenführung accounting

Kontenplan chart of accounts

Kontenrahmen, vorgeschriebener ~ standard chart of accounts

Kontierung account assignment

Konto account

Konto belasten to debit

Konto, laufendes ~ current account

Konto, Sperr~ restricted account; blocked account

Kontoabstimmung reconciliation of an account

Kontoanalyse account analysis

Kontoauszug statement of account

Kontoblatt ledger sheet

Kontokorrentkredit overdraft; open credit

Kontrollgremium supervisory body

kontrollieren to check

Kontrollverhältnis eines Unternehmens control of an entity

Konventionalstrafe penalty for non-fulfilment of contract

Konzept der allgemeinen Kaufkraft general purchasing power approach

Konzern group

Konzernabschluss consolidated financial statements

Konzernabschlussprüfung audit of the consolidated financial statements

Konzernaktiva group assets

Konzernaktiva, Angaben zu den ~ notes on group assets

Konzernbilanz consolidated balance sheet

K

Konzerneigenkapitalspiegel consolidated statement of changes in equity

Konzernergebnis group net profit or loss

Konzernfehlbetrag consolidated net loss

Konzerngesellschaft group company; affiliate

Konzerngewinn consolidated retained earnings

Konzernjahresergebnis consolidated profit/loss for the period

Konzernjahresüberschuss consolidated net profit for the period

Konzernkapitalflussrechnung consolidated cash flow statement

Konzernlagebericht group management report

Konzernobergesellschaft parent company

Konzernpassiva group equity and liabilities

Konzernrechnungslegung group accounting

Konzernrechnungslegung, Grundlagen der ~ principles of group accounting

Konzernsegmentberichterstattung segment reporting

Konzernüberschuss consolidated net profit

Konzernumlage group allocation; group charge

Konzernverlust consolidated accumulated deficit

Konzession franchise; concession

Körperschaft corporation; corporate entity

Körperschaftssteuer corporate income tax; corporation tax

Korridor corridor

Korridorverfahren corridor approach

Kosten costs; expenses; fees; charges

Kosten abzüglich aufgelaufener Abschreibung depreciated cost; net book value

Kosten Roh- /Verbrauchsstoffe cost of materials

Kosten, abschreibbare ~ depreciable costs

Kosten, aktivierte ~ capitalised costs

Kosten, anteilige ~ share of costs

Kosten, Beratungs~ consultancy costs

Kosten, Entwicklungs~ development costs

Kosten, fixe ~ fixed costs

Kosten, Gemein~ overhead expenses

Kosten, geschätzte ~ estimated cost

Kosten, Grenz~ marginal cost; differential cost

Kosten, Ist~ actual cost

Kosten, kalkulatorische ~ imputed cost

Kosten, kapitalisierte ~ capitalised costs

Kosten, kontrollierbare ~ controllable costs

Kosten, nicht kontrollierbare ~ non-controllable costs

Kosten, proportionale ~ variable costs

Kosten, vorausbezahlte ~ prepaid expenses

Kosten, vorkalkulierte ~ predetermined cost

Kostenabrechnung cost sheet

Kostenabweichung cost deviation; cost variance; cost variation

Kostenanalyse cost analysis

Kostenartenrechnung cost-type accounting (→)

Kosteneinsparung cost saving; cost cutting

Kostenermittlung costing

Kostenerstattung cost recovery

Kosten-Ertrags-Analyse cost/gain analysis

kostenfrei free of charge

Kostenkonto cost account

Kostenmanagement cost management (→)

Kosten-Nutzen-Analyse (KNA) cost-benefit analysis (→)

Kosten-Nutzen-Verhältnis cost-benefit ratio

Kostenrechnung für einen Auftrag job costing

Kostensenkung cost reduction

Kostensenkungsmaßnahmen cost-cutting measures

Kostenstelle cost centre

Kostenstellenabrechnung cost centre settlement

Kostenstellenrechnung cost-centre accounting (→)

Kostenstruktur cost structure (→)

Kostenträger cost unit; cost object (→)

Kostenumlage cost allocation; cost distribution

Kostenverantwortlichkeit cost responsibility

Kostenwert cost value

Kraftfahrzeugssteuer motor vehicle tax

Krankengeld sick pay

Krankenversicherung health insurance

Kredit, Bank~ credit; loan

Kredit, Blanko~ unsecured credit

Kredit, eingefrorener ~ frozen loan

Kredit, eingeräumter ~ credit line; overdraft facilities

Kredit, in Anspruch genommener ~ borrowings

Kredit, kurzfristiger ~ short-term credit/loan

Kredit, Rahmen~ credit line; block credit

Kredit, Raten~ instalment loan

Kredit, Rediskont~ rediscount credit

Kreditantrag loan application

K

Kreditaufnahme taking out a loan; borrowing

Kreditauskunft credit report

Kreditbürgschaft credit guarantee

Kredite und Forderungen loans and receivables

Krediteinschätzung rating

kreditfähig creditworthy

Kreditgeber lender

Kreditgebühr front-end fee; arrangement fee

Kreditinstitut financial institution; bank

Kreditinstitute, Forderungen an ~ receivables from financial institutions

Kreditkonditionen credit terms

Kreditkosten borrowing cost; credit cost

Kreditlimit credit limit

Kreditlinie line of credit

Kreditnehmer borrower

Kreditoren (in der Bilanz) accounts payable

Kreditorenkonto account payable

Kreditrisiko credit risk

Kreditverwalter credit manager

Kreditwesengesetz German Banking Act

Kreditwürdigkeit credit standing

Kreditwürdigkeitsprüfung credit scoring; credit rating

Kreditzusage credit commitment

Kulanz goodwill; fair dealing

kumuliert accumulated

kumulierte nicht realisierte Verluste accumulated unrealised losses

kündbar terminable; cancellable

Kunde customer; client

Kunden, zweifelhafte ~ doubtful trade receivables; doubtful accounts

Kundendienst customer service

kündigen to give notice; to terminate

kündigen, fristlos ~ to dismiss without notice

Kündigung notice; termination

Kündigung, schriftliche ~ written notice; notice of termination

Kündigungsfrist notice period; term of notice

künftiger wirtschaftlicher Nutzen probable future benefit; future economic benefit

Kupon coupon

Kupons, noch nicht eingelöste ~ unredeemed coupons

Kurs quote; rate

Kursgewinn exchange profit

Kursnotierung, amtliche ~ official quotation

Kursrisiko foreign exchange risk (Devisen); price risk (Wertpapiere)

Kurssicherung hedging

Kursverlust exchange loss

Kurzarbeit short time work

kurzfristig short-term

kurzfristige Schulden current
  liabilities

kurzfristige Verbindlichkeiten
  current liabilities

kurzfristiger Vermögenswert
  current asset

Kurzporträt profile

K

L

Lagebericht management report

Lager warehouse

Lagerbestand inventory on hand

Lagergebühren warehouse fees; stock holding cost; storage charges

Lagerumschlag inventory turnover; stock turnover

Lagerumschlagshäufigkeit inventory turnover ratio

Land, Grundstück und Gebäude real estate; land and buildings

langfristig long-term

langfristige Verbindlichkeiten non-current liabilities; long-term debts

langfristige Vermögensgegenstände zum Verkauf gehalten non-current assets as held for sale

langfristiger Vermögenswert non-current asset

Lastenausgleichsabgabe equalisation levy

Lastenausgleichsgesetz (LAG) equalization-of-burden law

Lastschrift debit; debit entry

latente Steueransprüche deferred tax assets

latente Steuern deferred taxes

latente Steuerschulden deferred tax liabilities

laufend current; ongoing; running

laufend, nicht ~e Aufwendungen non-current expenditure

laufend, nicht ~e Erträge non-current revenue

laufende Erträge current income

laufendes Konto current account

Laufzeit term

Laufzeit des Leasingverhältnis lease term

Laufzeitbeginn start of term

Leasingdauer term of lease

Leasinggeber lessor

Leasinggegenstand object of lease

Leasingnehmer lessee

Leasingverhältnis lease

Leasingvertrag lease contract

Lebensdauer (eines Gutes) useful life

Lebensversicherung life insurance

Lebenszykluskosten life cycle cost

Leerverkäufer short seller

Leistung performance; benefit (Sozialleistung)

Leistungen an Arbeitnehmer employee benefits

Leistungen nach Beendigung des Arbeitsverhältnisses post-employment benefits

leistungsabhängige Kosten activity-related costs; output-related costs

Leistungsabschreibung units-of-production depreciation method

Leistungsbeurteilung performance rating

leistungsbezogen performance-linked

Leistungslohn incentive wage

leistungsorientierte Verpflichtung defined benefit obligation

leistungsorientierter Plan defined benefit plan

Leistungsvergleich Benchmarking

Leistungswertanalyse activity value analysis (➔)

Leiter des Rechnungswesens head of accounting

Lenkungsausschuss steering committee

Lieferant supplier

Lieferbedingungen delivery terms

Lieferbereitschaftsgrad service level (➔)

Lieferung delivery

Lieferungsverzug late delivery

Lieferzeit delivery time

linear on a straight-line basis

lineare Abschreibung straight-line method of depreciation

liquid liquid; solvent

Liquidation liquidation

Liquidationsbilanz liquidation balance sheet

Liquidationsgewinn liquidation surplus

Liquidationsverlust liquidation loss

Liquidator liquidator

liquide Mittel liquid assets

Liquidität liquidity (➔)

Liquidität dritten Grades current ratio

Liquidität ersten Grades cash ratio

Liquidität zweiten Grades quick ratio

Liquiditätskennzahl liquidity ratio

Liquiditätsrisiko liquidity risk

Lizenz licence (GB); license (US)

Lizenzgebühr royalty; license fee

Lizenzvertrag licence contract

Lohn wage

Lohnabrechnung payroll accounting

Lohnabzug (für Steuer, Versicherung, usw.) payroll deduction

Lohnsteuer income tax; pay-as-you-earn (PAYE)

Lohnstundensatz hourly rate of pay

Lohnverhandlungen wage negotiations

Lohnvorschuss advance on wages

Lombardkredit collateral loan; Lombard loan

Lombardsatz lending rate

löschen to cancel; to delete; to clear

Lückenanalyse gap analysis

L

65

M

Mahnbescheid default summons; court order to pay

Mahnbrief dunning letter; reminder

mahnen dunning; to dun

Mahnverfahren dunning procedure

Makler broker

Makler von Wertpapieren stockbroker

Maklergebühr brokerage; broker's commission

Maklergeschäft brokerage business

Maklerprovision brokerage

Maklersystem brokering system

Management-by-Konzepte management-by concepts (➔)

Mandant client

Mandat mandate; engagement

Mandate in anderen gesetzlich zu bildenden Aufsichtsräten mandates in other statutory supervisory boards of companies

Mangel fault

mangelhaft faulty

Mängelrüge complaint

Manteltarifvertrag industry-wide collective agreement

manuelle Buchung manual posting

Margeneinkommen margin income

Marke trademark; brand

Markenrecht trademark right

Markenrecht, erworbenes ~ acquired trademark rights

Markt market

Markt, amtlicher ~ official market

Marktkapitalisierung market capitalisation

Marktpreis market price

Marktpreis, angemessener ~ fair market price

Marktrisiko market risk

Marktwert fair value; market value

Marktwertprinzip marked-to-market

Maschinen und maschinelle Anlagen machinery and equipment

Maschinenstundensatz machine hourly rate (➔)

maßgeblicher Einfluss significant influence

Materialkosten cost of materials (➔)

Materialkostenermittlung material costing

materielle Vermögensgegenstände tangible assets

materielles Recht substantive law

Mehrgewinn additional income/profit

Mehrheit majority

Mehrheit, mit ~ beteiligtes Unternehmen majority held enterprise

Mehrheitsbeteiligung majority holding

Mehrstimmrecht multiple voting right

Mehrwert additional value; added value

Mehrwertsteuer value added tax

Meldepflicht obligation to report; notification requirement

Menge quantity

Mengeneinheit unit

Mengenrabatt quantity bulk discount

Mietaufwand rental expense; rent

Miete rent

mieten to rent; to lease

Mieter tenant; lessee

Mietertrag rental income

Mietkaufvertrag hire-purchase contract

Mietnebenkosten ancillary rental costs

Mietvertrag lease/rental contract

Mindergewinn reduction in profit

Minderheit, auf ~en entfallende Ergebnisanteile minority interest; profit/loss attributable to minority interest

Minderheitsaktionär minority shareholder

Minderheitsbeteiligungen share of results attributable to minority shareholders

Minderheitsgesellschafter minority shareholder

Minderung reduction

Minderzahlung underpayment

Mindestleasingzahlungen minimum lease payments

Mitarbeiter employee

Mitbestimmung codetermination

Mitbeteiligung der Arbeitnehmer workers' participation; employee participation

Miteigentum co-ownership; joint property

Mitglied member

Mitglieder der Organe members of executive bodies

Mitgliedschaft membership

Mitinhaber co-owner

Mitschuldner joint debtor

Mittel means; funds

Mittel, eigene ~ own funds

Mittel, flüssige ~ liquid funds

Mittel, fremde ~ borrowings

Mittel, liquide ~ cash holdings; liquid assets

Mittel, verfügbare ~ available funds; disposable funds

Mittelherkunft source of funds

Mittelverwendung application of funds

M

Mittelzuflüsse cash inflow; injection of funds

Mitversicherung co-insurance

Monatsgehalt monthly salary

monetäre Posten monetary items

Münze coin

Muster sample; specimen; pattern

Mutterunternehmen parent company

M

N

Nachfrage demand

Nachfrage, steigende ~ growing demand

Nachkalkulation product costing analysis (→)

Nachnahme cash on delivery (c.o.d.)

Nachsichtwechsel after-sight bill

Nachsteuern back taxes; extra taxes

Nachtrag amendment

nachträglich subsequent(ly)

Nachversteuerung back taxation

nachweisliche Verpflichtung demonstrably committed

nachzuverrechnender Dienstzeitaufwand past service cost

nahe stehende Unternehmen und Personen related party

Näherungswert approximate value

Naturalleistung payment in kind

natürliche Person individual

Nebenkosten ancillary expenses (costs); additional charges; incidental costs

Nebenprodukt by-product

Nennbetrag face amount; nominal amount; principal amount; par

Nennkapital nominal capital; registered capital

Nennwert face value; par value

Nennwert einer Aktie par value of a share

Nennwert, über dem ~ above par

Nennwert, zum ~ at par value

nennwertlose Aktie no-par share

netto net

Nettobetrag net amount

Nettobuchwert net book value

Nettoergebnis net result; net profit/loss

Nettogewinn net profit

Nettoinvestition in einen ausländischen Bereich net investment in a foreign operation

Nettoumlaufvermögen working capital

Nettoumsatz net sales

Nettoveräußerungswert net realisable value

Nettoveräußerungswert, niedrigerer ~ lower of cost or net realisable value

Nettoverlust net loss

Neubewertung revaluation; reappraisal; reassessment

Neubewertungsrücklage (asset) revaluation reserve

Neugeschäft new business

N

neutraler Aufwand non-operating expenses

neutraler Ertrag non-operating income

neutrales Ergebnis non-operating result

Neutralität neutrality

Neuveranlagung reassessment

nicht abzugsfähig non-deductible

nicht abzugsfähige Ausgaben non-deductible expenses

nicht abzugsfähige Betriebsausgaben non-deductible (business) expenses

nicht laufende Aufwendungen non-current expenditure

nicht realisierter Gewinn oder Verlust unrealised gain or loss

nicht zahlungswirksam non-cash

nicht zahlungswirksame Aufwendungen non-cash expenses

Nichtbeachtung non-compliance

Nichterfüllung failure to perform

nichtig null and void

Nichtigkeitserklärung annulment

Nichtzahlung non-payment

Niederlassung branch

Niederstwertprinzip lower of cost or market principle

niedrigerer Nettoveräußerungswert lower of cost or net realisable value

Mietnebenkosten ancillary rental costs

Nominalbetrag face amount; nominal amount; par value

Nominalwert nominal value; face value; par value; notional amount

Norm standard

Normalkostenrechnung normal costing (→)

Normalsatz basic rate; standard rate

Notenbank central bank

notiert quoted; listed

notierte Aktie quoted share

Notierung quotation

Null-Basis-Budgetierung zero-base budgeting

Nutzeffekt efficiency

Nutznießer beneficiary

Nutzung use; utilisation

Nutzung von Software-Diensten per Datennetz Application Service Providing (ASP)

Nutzungsdauer useful life

Nutzungsdauer, betriebsgewöhnliche ~ average/expected useful life

Nutzungsdauer, durchschnittliche ~ average life

Nutzungsdauer, voraussichtliche ~ expected life

Nutzungswert value in use; use value

Nutzwertanalyse utility analysis (→)

O

Obligation bond

Obligation mit Zinsabschnitt
coupon bond

Obligation, eingetragene ~ registered bond

Obligationsausgabe bond issue

Obligationsgläubiger bond creditor; bond holder

Obligationsschuldner bond is-
suer/debtor

Obligo liability; commitment

offen stehende Beträge open items

Offenbarungseid oath of disclosure

offene Handelsgesellschaft (OHG)
general partnership

offener Markt open market

Offenlegung disclosure

Offenlegungspflichten disclosure
requirements

öffentliche Abgabe public levy

öffentliche Hand public authorities; government

öffentliches Recht public law; state
law

ohne Berechnung free of charge

ohne Verpflichtung without obligation

Opportunitätskosten opportunity
costs (→)

Optionsanleihe optional bond;
option loan

Optionsrecht warrant; option

Optionsschein warrant

Ordner file; folder

Organ executive/governing body

Organkreis tax group; scope of
consolidation

Organmitglied member of the
executive bodies

Organschaft consolidated tax
group (→)

Organschaftsverhältnis, umsatzsteuerliches ~ single entity
relationship for VAT purposes

originär original

originäre Darlehen und Forderungen original loans and receivables

originäre Finanzinstrumente
primary financial instruments

O

P

pachten to lease

Pachtvertrag lease

pari, über ~ above par; at a premium

pari, unter ~ below par; at a discount

pari, zu ~ at par value

Parität parity

Passiva liabilities and shareholders' equity; equity and liabilities

Passiva, transitorische ~ deferred income; accounts received in advance

passive Abgrenzung deferred income

Passive Steuerabgrenzung deferred income tax liabilities

passivieren to recognise as liabilities; to expense

Passivierungsmöglichkeit recognition option (for liabilities/provisions)

Passivierungsverbot prohibition on recognition

Passivierungswahlrecht optionally accountable liability

Patenteinreichung patent application

Patentgebühr (amtlich) patent fees

Patentgebühr (Nutzung) royalty

Patentrecht patent right

Patentverletzung patent infringement

Patronatserklärung letter of comfort (→)

Pauschalbesteuerung lump-sum taxation

Pauschalbetrag lump sum

Pauschalpreis all-inclusive price

Pauschalsatz flat rate

Pauschalwertberichtigung general allowance for doubtful accounts (→)

Pauschalwertberichtigung zu Forderungen general allowance for bad debts

Pension pension; retirement income

Pensionierungsalter, rechnerisches ~ assumed retirement age

Pensionskasse pension fund

Pensionsplan pension plan

Pensionsplan, leistungsorientierter ·· defined benefit pension plan

Pensionsrückstellung pension provision

Pensionsrückstellung, bilanzierte ~ pension provisions recognised in the balance sheet

Pensionsvermögen pension assets

Pensionsverpflichtung pension liability

Pensionsversicherung pension insurance

Pensionszahlung pension payment

Periodenabgrenzung accrual basis

periodenfremd not relating to the period; relating to other periods

periodengerechte Abgrenzung accrual basis of accounting

Person, juristische ~ legal entity

Person, natürliche ~ individual

Personal personnel; staff

Personalabteilung personnel department

Personalakte personnel file

Personalaufwand personnel costs; personnel expenses

Personalausschuss personnel committee

Personalrisiken human resources risks

Personengesellschaft partnership company

persönlich haftender Gesellschafter general partner; personally liable partner

Pfand pledge; collateral

Pfandbrief mortgage bond; Pfandbrief

Pfandrecht lien

Pfändung attachment; garnishment

Pfändungsbeschluss order of attachment; order to foreclose

pfandweise by way of pledge

Pflegeversicherung long-term care insurance

Pflichtangaben (beim Jahresabschluss) disclosure requirements

Pflichtverletzung breach of duty

Pflichtversicherung compulsory insurance

Plan plan; budget

Plankostenrechnung standard costing

Plankürzung curtailment

planmäßig as scheduled

planmäßige Abschreibung normal depreciation

Planung, Finanz~ financial planning; budgeting

Planung, kurzfristige ~ short-term planning

Planung, langfristige ~ long-term planning

Platzierung placing; placement; positioning

Portfoliokonzept portfolio concept (→)

Posten item

Postscheckkonto postal cheque account

Postsparkonto postal savings account

Potenzialanalyse analysis of potentials (→)

Praktikum internship; placement

P

Prämie bonus

Prämie, Versicherungs~ insurance premium

Prämienrückstand arrears in premium payments

Preisabweichung price variance (→)

Preisangebot quote; quotation; bid

Preisangebot machen to quote

Preisbindung price maintenance; price fixing

Preiserhöhung price increase

Preisermäßigung price deduction

Preisnachlass price reduction; discount; rebate

Preisniveau price level

Preisnotierung price quotation

Preisrisiko price risk

Preisrückgang price cut-back; drop in price

Preissturz slump; price drop

private Zwecke for personal use

Privatrecht private law

Privatvermögen personal assets

pro Kopf per capita

Produkt- und Dienstleistungsangebot portfolio of products and services

Produkthaftung manufacturer's liability

Produktionsanlage production facility; production plant

Produktivität productivity

produzieren to produce; to manufacture

Proformarechnung pro forma invoice

Prognosebericht outlook

prospektive Anwendung prospective application

Protokoll minutes

Provision commission

Provisionsanspruch commission claim

Provisionsaufwendungen commissions paid

Provisionsergebnis net commission income

Provisionsertrag commission income

Prozentsatz percentage

prozessieren to sue; to litigate; to prosecute

Prozesskosten court and legal costs

Prozessrisiko litigation risk

Prüfbericht technischer Art inspection report

prüfen to audit (Bücher); to examine; to check

Prüfer examiner; auditor; inspector

Prüfung audit (Bücher); inspection; examination

Prüfung der zahlenmäßigen Richtigkeit arithmetical verification

Prüfungsauftrag audit engagement

Prüfungsausschuss audit committee

Prüfungsbericht auditors' report

Prüfungsgebühren audit fees

Prüfungsgrundsätze auditing standards

Prüfungskosten audit costs

Prüfungspflicht audit requirement

Prüfungspflicht, gesetzliche ~ statutory/legal audit requirement

Prüfungsstichtag audit date

Prüfungsumfang audit scope

Prüfungswesen auditing

Prüfungszeitraum audit period

Publizitätsgesetz company disclosure law

P

Q

Qualität quality

Qualitätsgewähr warranty

Qualitätsmanagement, umfassendes ~ TQM (total quality management)

Quellenangaben list of references

Quellensteuer withholding taxes; taxes withheld at source

Querkontrolle cross-checking

Quittung receipt

Quote quota; rate; proportion

Quotenkonsolidierung proportionate consolidation

Quotenpapier no par value sheet

Quotierung quotation

Q

R

Rabatt allowance; discount; rebate

Rahmenkonzept framework

Rahmenkredit credit line; block credit

Rahmenkreditvereinbarung credit line agreement

Rangfolge ranking

Rate instalment

Ratenkredit instalment loan

realisierbar realisable

realisieren to realise; to implement

realisierter Gewinn realised profit

Rechenschaftspflicht accountability

rechnerischer Ertragsaufwand calculated income tax expenditure

Rechnung invoice; bill; (Berechnung) calculation

Rechnung, auf neue ~ vortragen to carry forward to new account

Rechnungsabgrenzung accruals and deferrals; accrual/deferral method of recognition

Rechnungsabgrenzungsposten prepaid expenses and deferred income

Rechnungsabgrenzungsposten, aktive ~ prepaid expenses

Rechnungsabgrenzungsposten, antizipatives Aktivum accrued income (→)

Rechnungsabgrenzungsposten, antizipatives Passivum accrued expense (→)

Rechnungsabgrenzungsposten, passive ~ deferred income

Rechnungsabgrenzungsposten, transitorisches Aktivum prepaid expenses; (bei langfristigen Posten) deferred charges (→)

Rechnungsabgrenzungsposten, transitorisches Passivum deferred income (→)

Rechnungslegung reporting; accounting; rendering of accounts

Rechnungslegungsvorschriften accounting principles

rechnungsmäßige Zinsen actuarial interest

Rechnungszins assumed interest rate; interest rate for accounting purposes

Recht law; right (Rechtsanspruch)

Rechte, ähnliche ~ similar rights

Rechte, grundstücksgleiche ~ leasehold rights

rechtliche Verpflichtung legal obligation

rechtliches Risiko legal risk

R

Rechtsanspruch legal claim

Rechtsanwalt attorney; lawyer; barrister; solicitor (GB)

rechtskräftig legally binding

rechtskräftig abgeschlossener Fall closed case

Rechtsmissbrauch abuse of law

Rechtsprechung jurisdiction

Rechtsstreit lawsuit; litigation

Rediskont rediscount

Rediskontkredit rediscount credit

Rediskontsatz rediscount rate

Refinanzierung refinancing

Regress recourse

Regressansprüche recourse claims

Reinertrag net earnings; net proceeds; net yield;

Reingewinn net income; net profit

Reingewinn, unverteilter ~ retained earnings; earned surplus

Reinverlust net loss

Reinverlust, aufgelaufener ~ accumulated deficit

Reinvermögen net worth; net assets; net equity

Reinvermögen, anteiliges ~ **netto** pro rata net assets

Reinvestition reinvestment

Reisekosten travel expenses

Reisekostenaufwandsentschädigung travel allowance

Reisescheck traveller's cheque

Reklamation complaint

Relevanz relevance

Rendite (Reinertrag des angelegten Kapitals) return on investment

Rendite, Kapital~ return on capital

Rentabilität profitability

Rentabilitätsanalyse break even analysis

Rente annuity; pension

Rente, Barwert einer zukünftigen ~ present value of a future annuity

Rente, Gegenwartswert einer laufenden ~ present value of a current annuity

Rentenanpassung pension adjustment

Rentenanpassung, erwartete jährliche ~ anticipated annual pension adjustment

Rentenbarwert present value of an annuity; annuity value

Rentenfonds annuity fund; bond/fixed-income fund

Rentenlücke pension shortfall

Rentenpapiere, öffentliche ~ government/public-sector/treasury bonds

Rentenschuldverschreibung annuity bond; bond; fixed-income security

Rentenversicherungsnachhaltigkeitsgesetz pension fund sustainability law

Reproduktionskosten reproduction costs (→)

Reserve, eine ~ **bilden** to set up a reserve

Reserve, stille ~ hidden reserve; undisclosed reserve

Restbetrag remaining balance

Restbuchwert amortised cost; net book value; carrying amount

Restlaufzeit time to maturity; residual term; remaining term

Restposten remnants; residual item

Restrukturierung restructuring (→)

Restrukturierungen, Aufwendungen aus ~ restructuring expenses

Restrukturierungsmaßnahme restructuring

Restwert residual value

retrospektive Anwendung retrospective application

Revision audit

Revision, interne ~ internal audit

Revisor auditor

Richtlinie directive; regulation; guideline

Richttafel mortality chart

Risiken in Verbindung mit Leasinggegenständen risks associated with leased assets

Risiko, betriebliches ~ operative risk

Risiko, leistungswirtschaftliches ~ performance-related risk

Risiko, rechtliches ~ legal risk

Risikoaggregation risk aggregation (→)

Risikomanagement risk management

Risikomanagementpolitik risk management policy

Risikoübernahme, volle ~ durch den Versicherer full insurance coverage

Risikovorsorge, Aufwendungen für ~ expenses for risk provisions

Risikovorsorge, Entwicklung der ~ im Kreditgeschäft changes in allowances for losses on loans and advances

Risikowert Value at Risk (VaR)

Roh-, Hilfs- und Betriebsstoffe raw materials and supplies

Rohbilanz trial balance

Rohergebnis gross profit/loss

Roherlös gross revenue

Rohertrag, Rohgewinn gross profit; gross proceeds

Rohstoff raw material

Rohverlust gross loss

Rohvermögen gross assets

Rückdeckungsversicherung reinsurance

Rückerstattung refund

Rückerstattung, Beitrags~ premium refund

Rückkauf buyback

rückkaufbare Vorzugsaktie participating preference share

Rückkaufskurs redemption quote

Rückkaufsvereinbarung repurchase agreement

R

Rückkaufswert cash surrender value; redemption value (einer Versicherungspolice)

Rücklage reserve

Rücklage auflösen to reverse a reserve; to release a reserve

Rücklage bilden to establish/recognise/set up reserves

Rücklage für eigene Anteile reserve for treasury stock

Rücklage, freie ~ free reserve; free surplus

Rücklage, gesetzliche ~ statutory reserve

Rücklage, offene ~ general reserves; surplus

Rücklage, satzungsgemäße ~ statutory reserve

Rücklage, steuerfreie ~ tax free reserve

Rücklage, stille ~ hidden reserve; secret reserve

Rücklage, zweckgebundene ~ appropriated reserve

Rücklageanteil, Sonderposten mit ~ special tax-allowable reserve

rückläufiger Trend downward trend

Rückstellung accrual; provision; reserve (➔)

Rückstellung auflösen to reverse an accrual/provision

Rückstellung bilden to establish/recognise/set up provisions

Rückstellung für Ausgleichsansprüche equalization reserve

Rückstellung für Beitragsrückerstattung provisions for premium refunds

Rückstellung für Entlassungsentschädigungen reserve for severance pay

Rückstellung für Ertragsteuern accrual for income taxes; provisions for income taxes

Rückstellung für noch nicht abgewickelte Versicherungsfälle provisions for insurance claims not yet settled

Rückstellung für Pensionen und ähnliche Verpflichtungen provisions for pensions and similar obligations

Rückstellung für Pensionsverpflichtungen pension reserve

Rückstellung für schwebende Geschäfte reserve for pending transactions

Rückstellung, Deckungs~ actuarial reserve

Rückstellungen, Auflösung von ~ reversal of accruals

Rückstellungen, Erträge aus der Auflösung von ~ income from the reversal of provisions

Rückstellungen, sonstige ~ other accruals

Rückstellungen, Zuführung zu ~ provision for accruals

Rücktritt vom Vertrag rescission

Rücktritt von einer Stellung resignation

Rückvaluta back value

Rückvergütung refund; reimbursement

Rückversicherer reinsurer

rückversicherter Vermögenswert reinsurance assets

Rückversicherung reinsurance

Rückversicherungsanteil reinsurance share

Rückversicherungsbeitrag reinsurance premium

Rückversicherungsgeschäft, aktives ~ inward reinsurance business

Rückversicherungsgeschäft, passives ~ outward reinsurance business

Rückversicherungsprovision reinsurance commission

Rückversicherungsvertrag reinsurance contract

rückwirkend retrospective

rückwirkende Anpassung retrospective restatement

Rückzahlung repayment

Rückzahlungsbedingungen repayment terms

Rückzahlungsbetrag settlement value; repayable amount

Ruhegeld retirement annuity; pension; old-age pension

ruhende Gesellschaft dormant company

Ruhestand retirement

Rumpfgeschäftsjahr short financial year

Rüstkosten set-up costs; make-ready costs

R

S

Sachanlagen property, plant and equipment (IAS); tangible (fixed) assets (HGB)

Sachanlagevermögen tangible fixed assets

Sachbezüge remuneration in kind

Sacheinlage non-cash contribution; contribution in kind

Sachkapitalerhöhung capital increase through contributions in kind

Sachkonten general ledger accounts

Saldenbestätigung balance confirmation

Saldenbilanz trial balance sheet

Saldenliste der Forderungen list of current receivables totals

saldieren to net; to offset

Saldierung balancing; closing; netting

Saldierung von Posten offsetting

Saldo balance

Saldovortrag balance carried forward; carry forward

Saldovortrag am Jahresanfang balance at beginning of year; opening balance

Sammelbuchung compound entry; collective posting

Sammeldepot custody account

Sammelposten compound item

Satzung statute; articles of association; byelaws

Satzungsänderung change/amendment to the articles of association/byelaws

satzungsgemäß statutory

Säumniszuschlag late-payment penalty

Schaden damage; loss; claim

Schadenaufwendung claims expenditure

Schadendeckung coverage

Schadenersatz compensation for damages

Schadenersatzanspruch claim for damages

Schadenersatzklage action for damages

Schadenersatzleistung indemnification

Schadenersatzpflicht liability for damages

Schadenersatzversicherung indemnity insurance

Schadenregulierung claim settlement

Schadenregulierungskosten loss adjustment expenses

Schadenrückstellung claims reserve

Schadenzahlung claims payment

Schaltergeschäft over-the-counter business; OTC business

Schätzung appraisal; estimate; valuation

Schatzwechsel treasury bill

Scheck check

Scheck, einen ~ ausstellen to issue a check

Scheck, Verrechnungs~ crossed check

Schenkungsteuer gift tax; capital transfer tax

Schiedsgericht court of arbitration

Schlichter arbitrator

Schlichtung im Lohnstreit wage arbitration

Schlussbilanz closing balance sheet

schlüsselfertiger Auftrag turnkey contract

Schlusskurs close; closing price

Schlussnotierung closing price

Schonfrist grace period

Schrottwert scrap value; salvage value

Schuld liability

Schuld aus einem leistungsorientierten Plan defined benefit liability

Schuld, fällige ~ matured liability; amount due

Schuld, kurzfristige ~ short-term liability

Schuld, langfristige ~ long-term liability

Schuld, schwebende~ contingent liability

Schuldanerkenntnis acknowledgement of debt

Schuldbrief borrower's note; mortgage note

Schulden outstanding debts

Schuldenerlass debt remission/cancellation/waiver

Schuldenerlass; teilweiser ~ abatement of a debt

Schuldenkonsolidierung consolidation of debts

Schuldner debtor

Schuldsaldo debit balance

Schuldschein certificate of indebtedness

Schuldverschreibung debenture

Schuldwechsel promissory note

Schuldzinsen interest on debts

Schutzklausel hedge clause; protective clause

Schutzrecht industrial property right; proprietary right; copyright

Schutzrecht, gewerbliches ~ industrial property right

Schwankungsrückstellung equalisation fund

schwebendes Geschäft pending contract/transaction

SEC Securities and Exchange Commission (→)

S

Segmentaufwendungen segment expenses

Segmentberichterstattung segment reporting

Segmenterträge segment revenue

Segmentvermögen segment assets

sehr wahrscheinlich highly probable

Selbstbehalt excess (GB); deductible (US)

Sicherheit security; collateral (dinglich)

Sicherheit, als ~ angenommener Vermögenswert asset accepted as collateral

Sicherheit, als ~ übertragener Vermögenswert asset pledged as collateral

Sicherheiten für ein Darlehen collateral for a loan

Sicherheitsgeber guarantor

sichern, eine Forderung durch Pfand ~ to collateralise

Sicherungsabtretung assignment of security

Sicherungsgeschäft auf niedrigster Aggregationsstufe micro hedge

Sicherungsinstrument hedging instrument

Sicherungsnehmer insured party; secured party

Sicherungszusammenhang (bilanzielle Abbildung) hedge accounting

Sicherungszusammenhang; globaler interner ~ macro hedge

Sicht, bei ~ at sight

Sichtwechsel bill at sight

Sitz (einer Firma) registered office; domicile

Sitzung meeting

Sitzungsprotokoll minutes of a meeting

Skonti und Rabatte cash and trade discounts

Skonto discount

Sofortabschreibung immediate write-off

Solidaritätszuschlag solidarity surcharge

Soll debit (als Buchung); target (als Ziel)

Soll/Haben debit/credit

Soll/Ist-Vergleich comparison of projected and actual figures

Sollbuchung debit entry

Sollkosten target costs (→)

Sollsaldo debit balance

Sollzinsen interest expense

Solvabilitätsgrenze solvency limit

Solvenz solvency

Sonderabschreibung accelerated depreciation; special depreciation

Sonderausgaben special expenses

Sonderbilanz special purpose balance sheet

Sonderdividende special dividend; extra dividend

Sondereinzelkosten special direct costs

Sonderposten mit Rücklagenanteil special tax-allowable reserve

Sonderprüfung special audit

Sonderrücklage, zweckgebundene ~ special purpose reserve

Sondersteuer special tax

Sondervergütung bonus; extra pay

Sonn- und Feiertagsvergütung holiday pay

sonstige Abzüge other deductions

sonstige Aufwendungen other expenses

sonstige Ausleihungen other loans

sonstige betriebliche Aufwendungen other operating expenses

sonstige betriebliche Erträge other operating income

sonstige Erträge other income

sonstige Forderungen other accounts receivable

sonstige Steuern other taxes

sonstige übrige Verbindlichkeiten remaining other liabilities

sonstige Verbindlichkeiten other accounts payable

sonstige Zinsen und ähnliche Erträge other interest and similar income

Sorgfaltspflicht due diligence

Sorten foreign notes and coins

Sozialabgabe social security contribution

Sozialbezüge, sonstige ~ fringe benefits

soziale Abgaben social security contributions

soziale Aufwendungen, freiwillige ~ expenses for voluntary social benefits

soziale Aufwendungen, gesetzliche ~ compulsory social security contributions

Sozialplan redundancy plan; social plan

Sozialprodukt, Brutto~ gross national product (GNP)

Sozialversicherung social security insurance

Sozialversicherungsbeiträge social security contributions

Sozialversicherungsleistungen social security benefits

Spalte column

Spanne margin

Spareinlage savings deposit

Sparkasse savings bank

Spekulationsgeschäft speculative transaction

Spekulationsgewinn/-verlust speculative gain/loss

Spekulationspapier speculative security

Spekulationssteuer short-term capital gains tax

Spende donation; contribution

Sperrkonto blocked account

Spesen expenses

Spesen, Reise~ travel expenses

S

Spesenerstattung expense reimbursement

Spesenkonto expense account

staatliche Beihilfen government grants

Staffelpreis sliding-scale price

Staffelsumme progressive total

Stammaktie common share; equity share; ordinary share

Stammaktien erstklassiger Firmen blue chips

Stammeinlage capital contribution; paid-in capital stock; capital invested

Stammkapital capital stock

Stammkapital, verdecktes ~ hidden capital

Stammstückaktien, auf den Inhaber lautende ~ ordinary no-par-value bearer shares

Stand 1. Januar as of 1 January

Standardkosten standard costs

Standardkostenabweichung standard cost variance

Statistik statistics

statistisch statistical

Statuten articles of association (GB); articles of incorporation; bye-laws (US)

steigen increase; rise; go up

steigende Nachfrage growing demand

steigende Tendenz upward trend

stellvertretender Vorsitzender vice chairman; deputy chairman

Stellvertreter deputy; representative

stetig consistent

Stetigkeit consistency

Steuer tax

Steuer, Einkommens~ income tax

Steuer, Erbschafts~ inheritance tax

Steuer, Ertrags~ income tax

Steuer, Gewerbe~ municipal trade tax

Steuer, Grund~ land tax (US); rates (GB)

Steuer, Grunderwerbs~ real estate transfer tax; real estate acquisition tax

Steuer, indirekte ~ indirect tax

Steuer, Kapitalertrags~ capital yields tax

Steuer, Körperschafts~ corporate income tax

Steuer, Kraftfahrzeugs~ motor vehicle tax

Steuer, Lohn~ income tax; pay-as-you-earn (PAYE)

Steuer, Mehrwert~ value added tax

Steuer, progressive ~ progressive tax

Steuer, proportionale ~ proportional tax

Steuer, Quellen~ tax withheld at source; withholding tax

Steuer, rückständige ~ delinquent tax

Steuer, Schenkung~ gift tax; capital transfer tax

S

Steuer, Umsatz~ sales tax; value added tax

Steuer, Umsatzausgleichs~ turnover equalization tax

Steuer, Verbrauchs~ excise tax

Steuer, Vergnügungs~ entertainment tax

Steuer, Vermögen~ net worth tax; property tax; wealth tax

Steuer, Vermögenszuwachs~ deemed capital gains tax

Steuer, Versicherungs~ insurance tax

Steuer, Wertpapier~ security transaction tax

Steuerabgrenzung tax deferral

Steuerabgrenzung, aktive latente ~ deferred tax assets

Steuerabgrenzung, passive latente ~ deferred tax liabilities

Steuerabkommen tax treaty

Steuerabteilung tax department

Steueranrechnung tax credit

Steueranspruch tax claim

Steueraufschub tax deferral

Steueraufwand tax expense

Steuerausländer non-resident taxpayer

Steuerausschuss tax committee

steuerbar taxable; subject to taxation

steuerbarer Umsatz sales subject to taxation

steuerbefreit tax exempt

Steuerbefreiung tax exemption

steuerbegünstigt tax privileged

Steuerbehörde tax authority

Steuerbelastung tax charge; tax burden

Steuerbemessungsgrundlage tax base; assessment basis

Steuerberater tax consultant/adviser

Steuerberatungsgesetz tax advisory law

Steuerbescheid tax assessment notice

Steuereinbehalt tax withholding

Steuereinnahmen tax revenues

Steuererklärung tax return

Steuererklärung abgeben to file a tax return

Steuererlass abatement of tax

Steuerersparnis tax saving

Steuererstattung tax refund

Steuererstattungsanspruch tax refund claim

Steuerertrag tax revenue

Steuerfahnder tax ferret

Steuerfahndung tax investigation

Steuerflucht tax evasion

Steuerforderungen tax receivables; tax claim

Steuerforderungen, abzüglich ~ less tax receivables

steuerfrei tax exempt

steuerfreie Einnahmen tax-exempt earnings

S

Steuerfreigrenze tax exemption limit

Steuergeheimnis tax secrecy

Steuergesetz tax law; revenue code (US)

Steuergesetzgebung tax legislation

Steuerhinterziehung tax fraud

Steuerjahr fiscal year

Steuerklasse tax class

Steuerlast tax burden

steuerlich absetzbar tax-deductible

steuerlich absetzen to deduct from taxes

steuerlich nicht abzugsfähige Aufwendungen non-deductible expenses

steuerliche Außenprüfung tax field audit

steuerlicher Verlust tax loss

steuerlicher Verlustvortrag tax loss carry forward

Steuermessbetrag base value for tax purposes

Steuern vom Einkommen und vom Ertrag income tax expense; taxes on income

Steuernachlass tax rebate; tax allowance

Steueroase tax haven

Steuerpfändung tax foreclosure

Steuerpflicht liability for taxation; subject to taxation

Steuerpflicht, beschränkte ~ subject to limited taxation; limited tax liability

Steuerpflicht, unbeschränkte ~ subject to unlimited taxation; unlimited tax liability

steuerpflichtiges Einkommen taxable income

Steuerprüfung tax audit

Steuerrecht tax law

Steuerrückstellungen provisions for taxes

Steuerrückvergütung tax refund

Steuersatz tax rate

Steuersatz, gespaltener ~ split tax rate

Steuerstrafe tax penalty

Steuerstufe tax bracket

Steuerumgehung tax avoidance

Steuerungsinstrument control instrument; management tool

Steuerveranlagung tax assessment

Steuervordruck tax form

Steuervorteil tax advantage

Steuerwert eines Vermögenswertes oder einer Schuld tax base of an asset or liability

Steuerwirkung tax effect

Steuerzahler taxpayer

Stichprobe sample; spot check

Stichproben machen to sample

Stichtag deadline; cut-off date; due date; balance sheet date; reporting date

Stichtagskurs closing rate

Stifter donor; founder

Stiftung foundation

S

stille Gesellschaft silent partnership

stiller Gesellschafter silent partner

stilllegen to shut down

stimmberechtigte Aktie voting share (GB); voting stock (US)

Stimmengleichheit tied vote; equal number of votes

Stimmenmehrheit majority of votes

Stimmenminderheit minority of votes

Stimmrecht voting right

Stimmrechtzurechnung attribution of voting rights

Stimmzettel ballot

stornieren cancel; reverse an entry

stornieren, eine Buchung ~ to reverse an entry

Storno cancellation; reversal

Stornobuchung reversing entry

Strafe fine; penalty

Strafgesetzbuch penal code

Streit dispute

Streitfrage, anhängige ~ issue in dispute

Streitwert value of matter in dispute

Streubesitz free float

Strom, Gas, Wasser usw. utilities

Stück piece; unit

Stückelung (bei Aktien) denomination

Stückkosten cost per unit; unit cost (→)

Stückliste bill of material

Stückpreis unit price

Stückzahl quantity; number of pieces; units

Stundenlohnsatz pay rate per hour

Stundung extension; deferral

Substanzerhaltung preservation of assets/capital

Substanzverzehr loss of asset value/capital

Substanzwert net asset value (eines Unternehmens)

Subvention subsidy

Summe total

Summe Eigen- und Fremdkapital total equity and liabilities

Summe Eigenkapital total equity

Summe Verbindlichkeiten total liabilities

Summe Vermögen total assets

Swapgeschäft swap

SWOT-Analyse SWOT analysis (strength, weakness, opportunity, threat) (→)

S

T

Tabelle table; chart

Tagegeld daily allowance; per diem allowance

Tagesgeld call money; day-to-day money

Tagesgeldzinssatz call rate

Tagessatz per diem rate

Tagesspesensatz per diem allowance

Tagesumsatz daily turnover

Tageswert current value; current cost; market value

täglich fällig due on demand

Tantieme profit-sharing payment; bonus

Tarif tariff

Tarifgruppe pay scale group; wage group

Tarifverhandlungen collective bargaining

Tarifvertrag collective bargaining agreement

tatsächliche Steuern current tax

Tausch exchange; swap

Täuschung deception; fraud

Täuschung, arglistige ~ wilful deceit

Täuschung, verabredete ~ collusion

taxieren to appraise; to assess; to value

Teilbetrag partial amount

Teilhaber partner

Teilhabervertrag partnership agreement

Teilkonzern subgroup

Teilkostenkalkulation direct costing

Teilschuldverschreibung bond/debenture carrying proportionate rights

Teilwert going-concern value (gem. § 6a EStG) (→)

Teilwert, beizulegender ~ fair value

Teilwert, steuerlicher ~ going concern value

Teilwertberichtigung depreciation; write-down (to going-concern value)

Teilwertberichtigung von Anlagegütern partial write-down of assets

Teilzahlung part payment; instalment

Teilzahlungskredit instalment credit

temporäre Differenz temporary difference

Tendenz trend

Tendenz, fallende ~ downtrend

Tendenz, steigende ~ uptrend

Termin deadline

Terminbörse futures exchange

Termineinlage time deposit; fixed deposit

Termingeschäfte futures; forward contracts

Terminkauf forward purchase; futures

Terminkurs forward rate

Terminpreis (an der Börse) future price

Tilgung repayment; amortisation; redemption

Tochtergesellschaft subsidiary

Tochtergesellschaft, 100 % wholly-owned subsidiary

Tochtergesellschaft, über 50 % subsidiary

Tochtergesellschaft, unter 50 % affiliate

Tochterunternehmen subsidiary

Tranche tranche

Transaktionskosten transaction costs

Trassant drawer

Trassat drawee

Tratte draft; bill of exchange

Treu und Glauben in good faith

Treu und Glauben, nach ~ principle of fair dealing

Treuhand trust

Treuhänder trustee

treuhänderisch discretionary; fiduciary; in trust

treuhänderisch verwalten to hold in trust

Treuhandfond trust fund

Treuhandgeschäft trust/trustee/fiduciary operations

Treuhandgesellschaft trust company

Treuhandverbindlichkeiten liabilities (arising) from trust operations

Treuhandvermögen trust assets

Treuhandvertrag trust agreement

U

über pari above par

übereignen to convey; to transfer title

Übereignung assignment; transfer of ownership/title

Übereinkommen agreement

überfällig overdue

Übergangsbestimmung transitional provision

Übergangsvorschriften transitional provisions

Übergangszeitpunkt auf IFRS date of transition to IFRS

Überleitungsrechnung reconciliation

Übernahme acquisition; take-over

Übernahme zum Buchwert acquisition at book value

Übernahmeangebot takeover bid

Übernahmeangebot, feindliches ~ hostile takeover bid

Übernahmeangebot, freundliches ~ friendly takeover bid

Überprüfung audit; check

Überschuldung over-indebtedness

Überschuss surplus; profit

Überschussbeteiligung profit participation; surplus sharing

übersteigen to exceed

Überstunden overtime

Übertrag, Beitrags~ unearned premium reserve

überwachen to monitor; to guard

Überweisung remittance; bank transfer

Überweisungsauftrag transfer order

überwertet overvalued

Überziehung overdraft

Überziehungskredit overdraft facility; overdraft loan

Überziehungsrahmen overdraft facility

übrige sonstige Aufwendungen sundry other expenses

Umbewertung revaluation

Umbewertungsrücklage revaluation reserve

Umbuchung transfer; adjusting journal entry; reposting

umgekehrter Unternehmenserwerb reverse acquisition

Umgliederung transfer; regrouping; reclassification

Umgruppierung reclassification

Umlage allocation; apportionment

Umlagekosten allocated costs

Umlageverfahren pay-as-you-go system

Umlauf, im ~ befindlich in circulation; outstanding

Umlaufvermögen current assets (→)

umrechnen (von Währungen) to convert; to translate

Umrechnungsdifferenz translation difference; exchange difference

Umrechnungskurs exchange rate

Umrechnungstabelle conversion table

Umsatz turnover; sales (Absatz)

Umsatzausgleichssteuer turnover equalization tax

Umsatzerlöse sales revenues

Umsatzkostenverfahren cost of sales method

Umsatzsteuer value added tax; sales tax

umsatzsteuerliches Organschaftsverhältnis single entity relationship for VAT purposes

umschulden to refinance; to restructure debts

Umschuldung debt restructuring

umsonst free of charge

Umstellung transition; changeover; conversion

umwandeln to reorganise; to restructure

Umwandlung reorganisation; restructuring

Umzugskosten moving expenses

unabhängig independent

unausgewiesene Erträge net unrealised gains

unbedeutend immaterial

unbelastet unencumbered

unbeschränkte Steuerpflicht unlimited tax liability

unbestimmt indefinite

unbestimmte Laufzeit indefinite term

unbestimmte Zeit indefinite period

uneinbringliche Forderung bad debt; uncollectible

Uneinbringlichkeit uncollectibility

unentgeltlich without consideration; free of charge

Unfall accident

Unfallversicherung accident insurance

unfertige Erzeugnisse work-in-process

ungebucht unrecorded

ungesicherte Forderung unsecured receivable

ungewisse Verbindlichkeit contingent liability

ungültig void; invalid; null and void

unkontrollierbare Kosten noncontrollable costs

Unkosten expenses

unkündbar irredeemable

unpraktikabel impracticable

Unregelmäßigkeit irregularity

U

93

unrentabel unprofitable

unselbstständig dependent

Unstetigkeit inconsistency

unter pari below par

Unterbewertung undervaluation

unterbieten to underbid

Untergliederung breakdown; detail

Unterhalt maintenance; support; subsistence

Unterhaltsaufwendungen alimony

Unterhaltungskosten maintenance expenses (costs)

Unterkonto subaccount

Unterlieferant subcontractor

Unternehmen company; enterprise

Unternehmen, Beteiligungs~ associated company; company in which an interest is held; investee

Unternehmen, verbundenes ~ affiliated company; affiliate

Unternehmensanalyse business analysis

Unternehmensberater management consultant

Unternehmensbereich division

Unternehmensbewertung business valuation

Unternehmenseigner company owner

Unternehmenserwerb acquisition; business combination (Unternehmenszusammenschluss)

Unternehmensfortführung going concern

Unternehmensphilosophie corporate philosophy

Unternehmensstrategie corporate strategy

unternehmensstrategisches Risiko corporate strategy risk

Unternehmenswert enterprise value

Unternehmenszusammenschluss business combination

Unternehmer entrepreneur

Unterposition sub-item

unterschreiben to sign

Unterschrift signature

Unterstützung support; benefit (finanziell); subsidy (mit öffentlichen Mitteln fördern)

untersuchen to examine; to check; to investigate

Untersuchung investigation

Untervermietung subletting

unverfallbare Leistungen an Arbeitnehmer vested employee benefits

unverkäuflich not saleable

unverwässert basic

unverwässertes Ergebnis basic earnings

unverwässertes Ergebnis je Aktie basic earnings per share

unverzinslich non-interest bearing; interest-free

unwahrscheinlich improbable

unwesentlich immaterial; minor

unwiderruflich irrevocable

U

unwiderrufliche Kreditzusage irrevocable credit commitment

unwiderruflicher Kredit irrevocable credit

Urheberrecht copyright

Urkunde, Besitz ~ certificate; document; deed

Urlaub vacation

Urlaubsgeld vacation allowance; holiday pay

Ursachenanalyse cause analysis

Ursprungsland country of origin

Urteil aufheben to reverse a decision

Urteil, vorläufiges ~ interlocutory decree

U

V

Valuta value date

valutieren to set a due date

variabel variable

variabler Satz variable rate

Veränderung change

Verantwortlichkeit accountability; responsibility

Verantwortungsbereich area of responsibility

veräußerbar saleable; marketable

veräußerbar, jederzeit ~ available-for-sale

Veräußerung disposal; sale

Veräußerungsgewinne capital gains

Veräußerungskosten costs of disposal

Veräußerungsverluste capital losses

Veräußerungswert realisable value

Verband association

Verbesserung improvement

Verbesserung an Miet- oder Pachtgegenständen leasehold improvement

Verbindlichkeit liability

Verbindlichkeit, Depot~ liabilities (arising) from deposits

Verbindlichkeit, Fremdwährungs~ foreign currency liability

Verbindlichkeit, täglich fällige ~en liabilities due on demand

Verbindlichkeiten aus Ertragsteuern liabilities due to income tax

Verbindlichkeiten aus Lieferungen und Leistungen trade accounts payable; trade payables

Verbindlichkeiten direkt aus zur Veräußerung gehaltenen langfristigen Vermögensgegenständen liabilities directly associated with non-current assets held for sale

Verbindlichkeiten eingehen to incur liabilities

Verbindlichkeiten gegenüber Beteiligungsunternehmen liabilities to associated companies; liabilities to investees/investors (abhängig vom Beteiligungsverhältnis)

Verbindlichkeiten, unverbuchte ~ unrecorded liabilities

Verbrauch consumption

Verbraucher consumer

Verbrauchssteuer excise tax

Verbriefung securitisation

Verbuchung posting; entry; booking

verbundenes Unternehmen affiliated company; affiliate

verdeckte Gewinnausschüttung constructive dividend; hidden profit distribution

Verein association

Verein, eingetragener ~ registered association

Vereinbarung agreement

Vereinbarung, vertragliche ~ contractual agreement

Verfahren method; procedure

Verfall (von Rechten) forfeiture; lapse

Verfalldatum expiration date

verfallen (auslaufen) to expire

verfügbar available; disposable

Verfügung, einstweilige ~ temporary restraining order

Verfügungsbeschränkung restraint on encumbrance; drawing restriction; limitation of drawing powers

Verfügungsgewalt über einen Vermögenswert power of disposal over an asset

Vergleich comparison

Vergleich, gerichtlicher ~ settlement in court

vergleichbare Information comparative information

Vergleichbarkeit comparability

vergleichen to compare

Vergleichsverwalter administrator in receivership cases; receiver

Vergnügungssteuer entertainment tax

Vergütung remuneration; payment

Vergütungsbestandteil, fester ~ fixed portion of remuneration

Vergütungsbestandteil, variabler ~ variable portion of remuneration

Verhältnis von Fremd- zu Eigenkapital gearing (GB); leverage (US)

Verhältniszahl ratio

verjähren to become statute-barred; to fall under the statute of limitation

Verjährungsfrist statutory limitation period

Verkauf sale

Verkauf auf Probe sale on approval

Verkauf auf Ziel sale on credit

Verkauf durch Versteigerung auction sale

Verkauf mit Preisnachlass bargain sale

Verkauf unter Eigentumsvorbehalt conditional sale

Verkäufer salesman; vendor; seller

verkäuflich saleable

Verkaufsbedingungen terms of sale

Verkaufsförderung sales promotion

Verkaufsniederlassung sales branch

Verkaufsoption sales option; put option

Verkaufsstelle sales outlet

V

verklagen to sue; to file a suit; to prosecute

Verlängerung extension; deferral

Verletzung von Rechten infringement of rights

Verlust loss

Verlust eines Rechtes forfeiture of a right

Verlust, auf die Vorjahre bezogen loss relating to prior years; prior years' charge

Verlust, auf konzernfremde Gesellschafter entfallend losses attributable to minority interest

Verlust, drohender ~ impending loss

Verlustausgleich loss absorption; loss compensation

Verlustausweis showing a deficit

Verluste aus dem Abgang von ... losses on the disposal of ...

Verluste aus Währungsumrechnung losses from currency translation

Verluste, nicht realisierte ~ unrealised losses

Verlustübernahme assumption of losses; transfer of losses

Verlustvortrag loss carried forward; accumulated deficit

Verlustvortrag, steuerlicher ~ tax loss carry forward

Verlustzuweisung loss allocation/attribution

vermieten to lease; to let; to rent out

Vermieter landlord; lessor

Vermietung letting; leasing; renting

Verminderung decrease

vermitteltes Neugeschäft brokered new business

Vermittlungsgeschäft brokerage

Vermögen assets; wealth

Vermögen, Betriebs~ operating assets

Vermögen, bewegliches ~ movable assets

Vermögen, immaterielles ~ intangible assets

Vermögen, materielles ~ tangible assets

Vermögen, Privat~ personal assets

Vermögens- und Finanzlage financial position; net assets and financial position

Vermögens-, Finanz- und Ertragslage financial position and performance

Vermögensgegenstand asset

Vermögensgegenstände, langfristige ~ non-current assets

Vermögensgegenstände, materielle ~ tangible assets

Vermögenslage financial position

Vermögensmanagement wealth management; asset management

Vermögensschaden economic loss; property damage

Vermögenssteuer net worth tax; property tax; wealth tax

Vermögensverwalter custodian; trustee

Vermögenswert asset

Vermögenswert, als Sicherheit angenommener ~ asset accepted as collateral

Vermögenswert, als Sicherheit übertragener ~ asset pledged as collateral

Vermögenswert, immaterieller ~ intangible asset

Vermögenswerte, liquide ~ liquid assets

Vermögenswerte, unbelastete ~ unencumbered assets

Vermögenswerte, zur Veräußerung verfügbare finanzielle ~ available-for-sale financial assets

vermögenswirksame Leistungen capital-forming payments

Vermögenszuwachssteuer deemed capital gains tax

veröffentlichen to publish

Veröffentlichung publication

Verordnung (Erlass) decree

verpachten to lease

verpfänden to pledge

verpfänden, dinglich ~ to mortgage

Verpfändung pledge

Verpfändung und Abtretung von Forderungen pledging and assigning of accounts receivable

Verpfändungsvertrag contract of pledge

verpflichtendes Ereignis obligating event

Verpflichtung commitment; obligation

Verrechnung allocation; charging; clearing; offsetting

Verrechnung, nach der ~ von Steuern after tax

Verrechnungskonto clearing account

Verrechnungspreis transfer price; intercompany price

Verrechnungsscheck crossed cheque (GB); crossed check (US)

Versammlung meeting

Verschmelzung (von Gesellschaften) merger

Verschmelzungsmehrwert merger surplus; surplus on merger

Verschrottung scrapping

Verschrottung eines Anlagegutes asset retirement by scrapping

Verschuldung indebtedness

Verschuldungsgrad debt ratio

Versicherer insurer

Versicherung insurance

Versicherung, Arbeitslosen~ unemployment insurance

Versicherung, Betriebsunterbrechungs~ business interruption insurance

Versicherung, Direkt~ direct insurance

Versicherung, Einbruchs~ burglary insurance

Versicherung, Haftpflicht~ liability insurance

Versicherung, Invaliditäts~ disability insurance

Versicherung, Kranken~ medical insurance

Versicherung, Pensions~ old-age insurance

Versicherung, Sozial~ social security insurance

Versicherung, Unfall~ accident insurance

Versicherungsanspruch insurance claim

Versicherungsbeitrag insurance premium

Versicherungsbeiträge, vorausbezahlte ~ prepaid insurance premiums

Versicherungsdeckung insurance coverage

Versicherungsgeschäft insurance business

versicherungsmathematisch actuarial

versicherungsmathematische Annahmen actuarial assumptions

versicherungsmathematische Berechnungen actuarial calculations

versicherungsmathematische Gewinne und Verluste actuarial gains and losses

versicherungsmathematische Grundsätze actuarial principles

versicherungsmathematische Gutachten actuarial appraisal

versicherungsmathematischer Barwert der zugesagten Versorgungsleistungen actuarial present value of promised retirement benefits

Versicherungsnehmer policyholder; insurant; insuree; insured

Versicherungspflichtgrenze statutory insurance limit

Versicherungsrisiko insurance risk

Versicherungsschutz insurance coverage

Versicherungssteuer insurance tax

versicherungstechnisch actuarial

versicherungstechnisches Risiko actuarial risk

Versicherungsvertrag insurance policy

Versicherungswert insured value; face value of a policy

Versorgungsanwartschaft pension entitlement

Versorgungsbetrieb public utility

Verständlichkeit understandability; comprehensibility

versteuern to pay taxes on

Verteilung von Kosten cost distribution; cost allocation

Vertrag contract; agreement

Vertrag, belastender ~ oncrous contract

Vertrag, mündlicher ~ parol agreement; verbal agreement

vertragliche Restlaufzeit contractual time to maturity

Vertragshaftung contractual liability

Vertragspflicht contractual obligation

Vertragsrechte contractual rights

Vertragstrafe penalty

vertraulich confidential

Vertreter representative; agent

Vertrieb sales; distribution

Vertriebsförderung sales promotion

Vertriebskosten cost of distribution; selling costs

verwaltetes Vermögen assets under management

Verwaltung administration

Verwaltungskosten administrative expenses

Verwaltungsrat administrative board

verwaltungstechnisch administrative

verwässernde potenzielle Stammaktien dilutive potential ordinary shares

verwässert diluted

verwässertes Ergebnis diluted earnings

verwässertes Ergebnis je Aktie earnings per share (diluted)

Verwässerung dilution

Verzicht auf Budgetierung beyond budgeting

verzichten, auf einen Anspruch ~ to waive a claim

verzinslich interest bearing

verzinsliche Ausleihungen interest-bearing loans and borrowings

Verzinsung yield; interest rate; coupon (bonds)

Verzögerung delay

Verzug default (Nichtzahlung einer Verbindlichkeit); delay (zeitlich)

Verzugsstrafe penalty

Verzugszinsen default interest

virtuelle Aktie phantom share

Vollkonsolidierung full consolidation; comprehensive consolidation

Vollkostenkalkulation full costing (→)

Vollmacht power of attorney

Vollständigkeit completeness

Vollstreckung execution; enforcement

vom Eigentümer selbstgenutzte Immobilien owner-occupied property

Vorabdividende advance dividend

Voranschlag estimate

voraussichtliche Nutzungsdauer expected useful life

Vorauszahlung advance payment; payment on account

Vorauszahlung, Beitrags~ advance premium payment

Vorjahr previous year

Vorjahresvergleich year-on-year comparison

Vorkalkulation preliminary costing; estimate (→)

V

Vorkaufsrecht pre-emptive right; right of first refusal

Vorkontierung initial account assignment

Vorräte inventories

Vorruhestand early retirement

Vorschau forecast

Vorschuss advance

Vorsicht prudence

Vorsichtsprinzip prudence

Vorsitzender chairman

Vorsitzender, stellvertretender ~ vice chairman; deputy chairman

Vorsorge provision

Vorstand executive board; management board

Vorstandsmitglied member of the board; board member

Vorstandsvorsitzender chairman of the board; chief executive officer

Vorsteuer input tax

Vorsteuerabzug deduction of input tax

Vorsteuergewinn profit before tax; pre-tax profit

Vorteil advantage; benefit

Vorteil, geldwerter ~ pecuniary advantage

Vortrag carry forward (auf dem Konto)

Vorzugsaktie preference share

V

W

Wagniskapital venture capital

wahrscheinlich probable

Währung currency

Währungsabwertung devaluation

Währungsaufwertung revaluation

Währungsfonds, Internationaler ~ (IWF) International Monetary Fund (IMF)

Währungsgewinne und -verluste exchange gains and losses

Währungsrisiko currency risk

Währungsumrechnung currency translation; currency conversion

Währungsumrechnung, Aufwendungen aus der ~ currency translation expenses

Währungsumrechnung, Erträge aus der ~ income from currency translation

Waisenrente orphan's benefit

Wandelschuldverschreibung convertible debenture; convertible bond

Wandelschuldverschreibung, gezeichnete ~ subscribed convertible debenture

Wandlung von Wertpapieren conversion of securities

Wandlungspreis conversion price

Wandlungsrecht conversion right

Warenanfangsbestand opening inventory

Warenbörse commodity exchange

Warenzeichen, eingetragenes ~ registered trade mark

Wartungsvertrag maintenance contract

Wasser, Strom, Gas, usw. utilities

Wechsel note; bill of exchange

Wechsel, diskontfähiger ~ discountable bill of exchange

Wechsel, diskontierter ~ discounted note

Wechsel, einen ~ ausstellen to issue a note

Wechsel, fälliger ~ matured note

Wechsel, gezogener ~ draft note

Wechsel, Nachsicht~ after-sight bill

Wechsel, nicht eingelöster ~ unpaid note

Wechsel, notleidender ~ dishonoured bill

Wechsel, prolongierter ~ renewed bill; rollover note

Wechsel, Sicht~ bill at sight

Wechselbürgschaft aval; guarantee of a bill of exchange

Wechselkredit acceptance credit

W

Wechselkurs exchange rate

Wechselkursbedingt due to exchange rate movements

Wechselkursbedingte Wertänderungen des Finanzmittelbestands changes in cash and cash equivalents due to exchange rate movements

Wechselkursschwankungen exchange rate fluctuations

Wechselobligo liability on bills of exchange

Wechselverbindlichkeiten notes payable

Weiterbelastung cost transfer; to charge on

Werbemaßnahmen advertising activities

Werbungskosten advertising costs; income-related expenses (Steuer)

Werk plant

Wert value

Wert, Brutto~ gross value

Wert, Buch~ net book value; carrying value

Wert, Markt~ market value

Wertanalyse value analysis

Wertansatz valuation

Wertberichtigung value adjustment; valuation allowance; write-down; impairment

Wertberichtigung auf das Anlagevermögen depreciation of property, plant and equipment; write-downs of fixed assets (HGB)

Wertberichtigung auf immaterielle Vermögenswerte write-downs of intangible assets (HGB); impairment of intangible assets (IAS)

Wertberichtigung auf zweifelhafte Forderungen allowance for doubtful accounts; bad debt allowance

Wertberichtigung auf Forderungen bad debt allowance

Wertbestimmung valuation

Wertkettenanalyse value chain analysis (→)

Wertminderung impairment; decline in value

Wertminderung von Vermögenswerten impairment of assets

Wertminderungsaufwand impairment loss

Wertminderungsaufwand, erfolgswirksam erfasster ~ impairment losses recognised through profit and loss

Wertpapier, zu Handelszwecken gehaltene ~e securities held for trading

Wertpapieraufsichtsbehörde SEC (Securities and Exchange Commission)

Wertpapierbestand portfolio

Wertpapiere securities; stocks and bonds

Wertpapiere des Anlagevermögens long-term securities

Wertpapiere des Umlaufvermögens marketable securities;

W

securities classified as current assets (HGB)

Wertpapiere, bis zur Endfälligkeit gehaltene ~ held-to-maturity securities

Wertpapiere, börsenabhängige ~ marketable securities

Wertpapiere, festverzinsliche ~ fixed income securities

Wertpapiere, jederzeit veräußerbare ~ available-for-sale securities

Wertpapiere, unverzinsliche ~ non-interest bearing securities

Wertpapierhandelsgesetz German Securities Trading Act

Wertpapiersteuer security transaction tax

Wertschöpfungskette value added chain (➔)

Wertsteigerung increase in value

Wertveränderung change in value

Wertverlust loss of value

Wertzuwachs appreciation

wesentlich material

Wesentlichkeit materiality

Wettbewerb competition

Wettbewerbsanalyse competition analysis

Wettbewerbsklausel competition clause

Wettbewerbsverbot non-competition clause

wichtige Mitarbeiter des Management key management personnel

Widerruf revocation; cancellation; disclaimer

Widerspruch einlegen to appeal

Wiederaufnahme resumption

Wiederbeschaffung replacement

Wiederbeschaffungskosten replacement cost

Wiederbeschaffungswert replacement value

Wiederherstellungskosten reproduction cost

Wiederverkaufspreis retail price

wirklicher Wert intrinsic value

Wirksamkeit effectiveness; efficiency

Wirksamkeit eines Sicherungsgeschäftes hedge effectiveness

Wirkungsgrad effectiveness; efficiency

Wirtschaft economy

wirtschaftlich cost-effective; economical; profitable

wirtschaftlich selbstständige ausländische Einheit foreign entity

wirtschaftliche Betrachtungsweise substance over form

wirtschaftliche Nutzungsdauer economic life; useful life

Wirtschaftsgut asset

Wirtschaftsgut, kurzfristig abnutzbares ~ short-life asset

Wirtschaftsgüter, geringwertige ~ low-value assets

Wirtschaftsgüter, immaterielle ~ intangible assets

105

Wirtschaftslage financial position

Wirtschaftsprüfer auditor

Wirtschaftsprüfung audit; auditing

Wirtschaftsprüfungsgebühr audit fee

Wirtschaftsunternehmen commercial enterprise

Witwenrente widow's pension

Wohnsitz domicile

Wucher usury

X

XYZ-Analyse XYZ analysis (→)

Z

Zahl number; figure

zahlbar payable; due

zahlbar bei Auftragserteilung cash with order

zahlbar bei Lieferung cash on delivery

zahlbar bei Sicht payable at sight

Zahlung payment

Zahlung nach Aufforderung payment on demand

Zahlung, in ~ geben to trade in

Zahlung, rückständige ~ payment in arrears

Zahlung, statt ~ in lieu of payment

Zahlungen aus Finanzierungsleasing payment of finance lease liabilities

Zahlungsaufforderung demand for payment

Zahlungsaufschub payment extension

Zahlungsbedingungen payment terms

Zahlungseingang payments received

Zahlungsempfänger payee

Zahlungsfähigkeit solvency; ability to pay

Zahlungsfrist term of payment

Zahlungsmittel cash and cash equivalents

Zahlungsmittel, gesetzliches ~ legal tender

Zahlungsmitteläquivalente cash equivalents

zahlungsmittelgenerierende Einheit cash generating unit

zahlungsunfähig insolvent

Zahlungsunfähigkeit insolvency

zahlungsunwirksam non-cash

zahlungsunwirksame Aufwendungen non-cash expenses

Zahlungsverkehr monetary transactions

zahlungswirksam cash-relevant; cash (item)

Zeichner von Aktien subscriber of shares

Zeichnung von Aktien share subscription

Zeichnungszeitraum subscription period

Zeit, auf absehbare ~ foreseeable future

Zeitnähe timeliness

Zeitwert current value; present value; time value

Zeitwert, beizulegender ~ fair value (→)

Zeitwert, zum beizulegenden ~ bewerten to measure at fair value

zentrale Datensammlung data warehouse

Zielkauf purchase on credit

Zielkostenmanagement target costing (→)

Zielsetzung objective

Ziffer digit; figure

Zinsabgrenzung accrued interest

Zinsaufwand interest charge

Zinsen interest

Zinsen, gezahlte ~ interest paid

Zinsen, kalkulatorische ~ imputed interest

Zinsen, rechnungsmäßige ~ actuarial interest

Zinsertrag interest income; interest result

Zinserträge, transitorische ~ unearned interest

Zinseszins compound interest

Zinskonditionen interest terms

Zinskosten interest expense

Zinssaldo interest balance

Zinssatz interest rate

Zinssicherung interest rate hedging

Zinsspanne interest margin

Zinsswap interest rate swap

Zinsswap-Geschäft interest-swap contract

Zinszuführung interest added

Zivilrecht civil law

zollfrei duty free

zu Handelszwecken gehaltene Wertpapiere securities held for trading

zu versteuerndes Ergebnis taxable profit

Zugang addition

Zugang zum Sachanlagevermögen addition to fixed assets

Zugänge durch Kapitalerhöhung capital increases

Zugangsbewertung initial measurement

zugelassene Aktien listed shares

zugrundegelegter Zinssatz imputed rate of interest

zum 1. Januar as at 1 January

zum Verkauf gehaltene Wertpapiere available-for-sale securities

Zunahme increase

Zunahme/Abnahme der aktiven/passiven Steuerabgrenzung increase/decrease in deferred tax assets and liabilities

Zunahme/Abnahme der Rückstellungen increase/decrease of provisions

Zunahme/Abnahme der sonstigen Aktiva increase/decrease of other assets

Zunahme/Abnahme der sonstigen Passiva increase/decrease of other liabilities and shareholders' equity

Zuordnung von Aufwendungen und Erträgen matching of costs with revenues; allocation of income and expenses

Z

zurückgezahlt repaid

zurückverfolgen to trace back

zurückweisen to reject

zurückzahlen to refund; to pay back

Zurückzahlung repayment

Zurückziehung withdrawal

Zusammenfassung summary; abstract

zusammengefasste Bilanz condensed balance sheet

zusammengefasste Erfolgsrechnung für mehrere Jahre multi-year earnings summary

zusammengesetzter Buchungssatz compound entry

zusammengesetztes Instrument compound instrument

Zusammensetzung composition

Zusammenstellung, statistische ~ compilation

Zusatz amendment; supplement; addition; addendum

Zusatzbestimmung supplementary provision

Zusatzgewinn extra profit

zusätzliche Informationen additional information

Zuschlagskalkulation overhead calculation (→)

Zuschreibung write-up; appreciation

Zuschuss subsidy; allowance; grant

Zuständigkeit competence; responsibility

Zuteilung allocation

Zuverlässigkeit reliability

Zuwachs accrual; growth; increase

Zuweisung (von Mitteln) appropriation (of funds)

Zuweisung zu Rücklagen transfer to reserves

Zuwendungen der öffentlichen Hand government grants

Zuwendungen für Vermögenswerte grants related to assets

Zwangsauflösung forced liquidation

Zwangsbeiträge compulsory dues

Zwangskonkursverfahren involuntary bankruptcy proceedings

Zwangsverwaltung receivership

Zwangsvollstreckung distraint; execution; enforcement; foreclosure (US)

zweifelhafte Forderungen doubtful debts

Zweigbüro branch office

Zweigniederlassung branch

Zwischenabschluss interim closing; interim statements

Zwischenbericht interim financial report

Zwischenberichtsperiode interim period

zwischenbetrieblich intercompany

zwischenbetriebliche Geschäftsvorgänge intercompany transactions

Z

109

Zwischenprüfung preliminary
audit

Zwischensumme subtotal

zyklische Konjunkturschwankungen cyclical fluctuations

2 Wörterbuch Englisch–Deutsch

Nachfolgend finden Sie insgesamt über 3.400 Fachbegriffe aus dem Bereich Rechnungswesen und Controlling. Diese Zusammenstellung deckt den größten Teil der gebräuchlichen Begriffe aus diesem Bereich ab.

Hinweise für die Benutzung

1. Die Stichwörter sind **fett** in alphabetischer Reihenfolge gedruckt, die Übersetzung folgt dem Stichwort in Normalschrift.

2. Viele Fachbegriffe sind aus einer Gruppe von mehreren Wörtern zusammengesetzt. Hier ist in der Regel unter dem ersten Wort der Gruppe nachzusehen.

   In manchen Fällen erschien es sinnvoll, den Begriff nicht unter dem ersten Wort einzuordnen, sondern unter einem Wort aus der Mitte der Gruppe, das den Fachausdruck treffender repräsentiert. Dann steht die Tilde an der entsprechenden Textstelle für das vorangestellte Stichwort.

   Bsp: **business, to be away on** ~ = to be away on business; **waive, to ~ a claim** = to waive a claim

3. Zu einigen Stichworten finden Sie eine weitere, ausführlichere Erläuterung und Kommentierung in Kapitel 3. Der eigeklammerte Pfeil (→) verweist auf diese Erläuterungen.

A

abatement of a debt teilweiser Schuldenerlass

abatement of tax Steuererlass

ABC analysis ABC-Analyse

ability to pay Zahlungsfähigkeit

above par über dem Nennwert; über pari

absentee rate Abwesenheitsrate

absorbed manufacturing overheads umgelegte Fertigungsgemeinkosten

abstract Auszug; Zusammenfassung

abstract of minutes Auszug aus dem Sitzungsprotokoll

abstract of title Grundbuchauszug

abuse of law Rechtsmissbrauch

accelerated depreciation Sonderabschreibung

acceptable as collateral beleihbar

acceptance Akzept; Abnahme; Annahme

acceptance credit Akzeptkredit; Wechselkredit

acceptor Akzeptant

accident Unfall

accident insurance Unfallversicherung

account Konto; Abrechnung

account analysis Kontoanalyse

account assignment Kontierung

account balance Bestand auf einem Konto

account for entfallen auf; bilanzieren; ausweisen

account payable Kreditorenkonto

account receivable Debitorenkonto

accountability Verantwortlichkeit; Rechenschaftspflicht

accountancy Buchhaltung; Rechnungswesen

accountant Buchhalter

accounting Bilanzierung; Buchführung; Rechnungslegung

Accounting Directives Act Bilanzrichtliniengesetz

Accounting Enforcement Act Bilanzkontrollgesetz

accounting for investments in associates Bilanzierung von Anteilen an assoziierten Unternehmen

accounting period Abrechnungszeitraum; Buchungszeitraum

accounting policies Bilanzierungs- und Bewertungsmethoden

accounting principles Buchhaltungsgrundsätze; Rechnungslegungsvorschriften

accounts payable Kreditoren; Verbindlichkeiten

accounts receivable Forderungen; Debitoren; Außenstände

A

accounts receivable due from affiliated companies Forderungen gegenüber verbundenen Unternehmen

accounts receivable with a remaining term of more than one year Forderungen mit einer Restlaufzeit von mehr als einem Jahr

accounts received in advance transitorische Passiva

accreditee Akkreditivinhaber

accrual Rückstellung; Zuwachs; Abgrenzung (passiv)

accrual basis Periodenabgrenzung

accrual basis of accounting Abgrenzung; periodengerechte Abgrenzung

accrual for income taxes Rückstellung für Ertragsteuern

accruals and deferrals Rechnungsabgrenzung

accruals for future expenses Aufwandsrückstellungen

accrue, to ~ to anwachsen

accrued expense Rechnungsabgrenzungsposten; angefallene Kosten; antizipatives Passivum

accrued income Rechnungsabgrenzungsposten; abgegrenztes Einkommen; antizipatives Aktivum

accrued interest Zinsabgrenzung; aufgelaufene Zinsen; Aufzinsung

accrued interest expense or deferred interest income Abgrenzung von Zinsaufwand oder Zinsertrag

accrued receivables Forderungen aus noch nicht abgerechneten Leistungen

accumulate, to ~ interest aufzinsen

accumulated kumuliert; aufgelaufen

accumulated deficit Bilanzverlust; aufgelaufener Reinverlust; Verlustvortrag

accumulated depreciation aufgelaufene Abschreibung auf Sachanlagevermögen

accumulated unrealised losses kumulierte nicht realisierte Verluste

accumulating compensated absences ansammelbare Ansprüche auf vergütete Abwesenheit

acknowledgement Bestätigung; Quittierung

acknowledgements Danksagung

acknowledgment of debt Schuldanerkenntnis

acquired trademark rights erworbenes Markenrecht

acquisition Kauf; Anschaffung; Übernahme; Unternehmenserwerb

acquisition at book value Übernahme zum Buchwert

acquisition brokerage Abschlussvermittlung

acquisition costs Anschaffungskosten; Einstandspreis

acquisition date Erwerbszeitpunkt

acquisition of equity interest Beteiligungserwerb

acquisition value Anschaffungswert

act Gesetz

act of God höhere Gewalt

action Klage; Rechtsstreit; Handlung; Maßnahme; Aktion

A

action for damages Schadenersatzklage

active market aktiver Markt

activity value analysis Leistungswertanalyse

activity-related costs leistungsabhängige Kosten

actual cost Istkosten

actual interest return Effektivverzinsung

actuarial versicherungstechnisch; versicherungsmathematisch

actuarial appraisal versicherungsmathematisches Gutachten

actuarial assumption versicherungsmathematische Annahme; Rechenparameter

actuarial calculation versicherungsmathematische Berechnung

actuarial gains and losses versicherungsmathematische Gewinne und Verluste

actuarial interest rechnungsmäßige Zinsen

actuarial present value of promised retirement benefits versicherungsmathematischer Barwert der zugesagten Versorgungsleistungen

actuarial principles versicherungsmathematische Grundsätze

actuarial reserve Deckungsrückstellung

actuarial risk versicherungstechnisches Risiko

added value Mehrwert

addendum Zusatz; Anhang; Nachtrag

addition Zugang; Zusatz; Aufschlag; Hinzurechnung

addition to fixed assets Zugang zum Sachanlagevermögen

additional charges Nebenkosten; Zusatzkosten

additional information zusätzliche Informationen

additional profit Mehrgewinn

additional value Mehrwert

adequacy Angemessenheit

adequate price angemessener Preis

adjudication in bankruptcy Konkurseröffnung

adjusting entry Berichtigungsbuchung

adjusting journal entry Umbuchung

adjustment Änderung; Anpassung; Berichtigung

adjustments from income tax, interest and dividends Anpassungen aus Ertragsteuern, Zinsen und Dividenden

adjustments to depreciation/ amortisation/write-downs of fixed tangible assets (HGB) Anpassungen der Abschreibungen auf Sachanlagevermögen

adjustments to depreciation/ amortisation/write-downs of property, plant and equipment (IAS) Anpassungen der Abschreibungen auf Sachanlagevermögen

administration Verwaltung

administrative verwaltungstechnisch

administrative board Verwaltungsrat

administrative expenses Verwaltungskosten

A

administrator in receivership cases; receiver Vergleichsverwalter

advance Vorschuss; Anzahlung

advance dividend Vorabdividende

advance on wages Lohnvorschuss

advance payment Anzahlung; Vorauszahlung

advance payment made geleistete Anzahlung

advance payment on fixed assets Anzahlung auf Anlagen

advance payment received erhaltene Anzahlung

advance premium payment Beitragsvorauszahlung

advance, to ~ auslegen; vorschießen; vorantreiben

advantage Vorteil

advertising activities Werbemaßnahmen

advertising costs Werbungskosten

adviser Berater

advisory board Beirat

advisory committee Beratungsausschuss

advisory council Beirat

affidavit eidesstattliche Erklärung

affiliate verbundenes Unternehmen; Tochtergesellschaft (unter 50 %); Konzerngesellschaft

affiliated company verbundenes Unternehmen; Tochtergesellschaft (unter 50 %); Konzerngesellschaft

after tax nach der Verrechnung von Steuern

after-sight bill Nachsichtwechsel

after-tax profit Gewinn nach Steuerabzug

agent Vertreter; Bevollmächtigter

agio Agio; Aufgeld

agreement Vereinbarung; Vertrag; Übereinkommen; Abmachung

agreement date Einigungsdatum

alimony Unterhaltsaufwendungen

all-inclusive price Pauschalpreis

allocability Abgrenzbarkeit

allocated costs Umlagekosten; verrechnete Kosten

allocation Umlage; Verrechnung; Zuteilung

allocation of income and expenses Zuordnung von Aufwendungen und Erträgen

allow, to ~ gewähren

allowance Zuschuss; Aufwandsentschädigung; Rabatt

allowance for doubtful accounts Wertberichtigung auf zweifelhafte Forderungen

alteration Änderung; Abänderung; Wandel

amend, to ~ ergänzen; ändern

amendment Abänderung; Nachtrag; Zusatz

amortisation Abschreibung auf immaterielle Vermögenswerte; Amortisation; Tilgung

amortisation of financial investments Abschreibungen auf Finanzanlagen

amortisation of start-up and business expansion expenses Abschreibung von Aufwendungen für die Instandsetzung und Erweiterung des Geschäftsbetriebs

A

amortise, to ~ abschreiben

amortised cost Restbuchwert; fortgeführte Anschaffungskosten

amount Betrag

amount due fällige Schuld

amount out of balance Abstimmungsdifferenz

analyse, to ~ auswerten

analysis Analyse; Auswertung

analysis of financial statements Bilanzanalyse

analysis of fixed assets Anlagengitter

analysis of potentials Potenzialanalyse

ancillary expenses (costs) Nebenkosten

ancillary rental costs Mietnebenkosten

annual account Jahresabrechnung

annual audit Jahresabschlussprüfung

annual balance sheet Abschlussbilanz

annual financial statements Jahresabschluss

annual general meeting Gesellschafterversammlung; Hauptversammlung

annual high Jahreshöchststand

annual income Jahreseinkommen

annual low Jahrestief

annual premium Jahresbeitrag

annual report Geschäftsbericht; Jahresbericht

annuity Annuität; Rente

annuity bond Rentenschuldverschreibung

annuity fund Rentenfonds

annuity loan Annuitätendarlehen

annuity value Rentenbarwert

annulment Nichtigkeitserklärung

anticipated erwartet

anticipated annual pension adjustment erwartete jährliche Rentenanpassung

anticipated losses drohende Verluste

anti-trust law Kartellgesetz

appeal Berufung; Einspruch

appeal, to ~ Widerspruch einlegen

appendix Anhang; Anlage

applicable anwendbar; zutreffend

application Antrag; Verwendung; Bewerbung

application for extension of time to file Fristverlängerungsantrag

application of funds Mittelverwendung

Application Service Providing (ASP) Nutzung von Software-Diensten per Datennetz (→)

apply, to ~ for beantragen; sich bewerben

appointment Termin; Ernennung

appointment of an auditor Bestellung eines Abschlussprüfers

apportionment Umlage

appraisal Schätzung; Bewertungsgutachten; Beurteilung

appraise, to ~ abschätzen; auswerten; beurteilen

appreciation Wertzuwachs; Aufwertung; Zuschreibung

appropriated reserve zweckgebundene Rücklage

appropriation Bereitstellung; Verwendung; Zuteilung

appropriation (of funds) Zuweisung (*von Mitteln*)

appropriation of (retained) earnings Gewinnverwendung

approval Bewilligung; Genehmigung

approximate value Näherungswert; Richtwert; ungefährer Wert

arbitrator Schlichter; Vermittler

area of responsibility Verantwortungsbereich

arithmetical verification Prüfung der zahlenmäßigen Richtigkeit

arm's length principle Grundsatz des Fremdvergleichs

arrangement Abmachung; Regelung; Übereinkommen

arrangement fee Kreditgebühr

arrears in premium payments Prämienrückstand

articles of association Satzung; Statuten

articles of incorporation Statuten

as of 1 January Stand 1. Januar

as scheduled planmäßig

asking price Briefkurs; Verhandlungsbasis; Verkaufspreis

assess, to ~ bewerten; einschätzen; taxieren

assessable share nachschlusspflichtige Aktie

assessment Bemessung; Bewertung; Schätzung

assessment basis Steuerbemessungsgrundlage

assessment of demand Bedarfsermittlung

asset Vermögensgegenstand; Anlagegut; Vermögenswert; Wirtschaftsgut

asset accepted as collateral als Sicherheit angenommener Vermögenswert

asset management Vermögensmanagement

asset pledged as collateral als Sicherheit übertragener Vermögenswert

asset retirement by scrapping Verschrottung eines Anlagegutes

asset revaluation reserve Neubewertungsrücklage

assets Aktiva; Vermögen; Vermögensgegenstände; Guthaben

assets analysis Anlagespiegel

assets pledged as collateral als Sicherheit übertragene Vermögenswerte

assets under management verwaltetes Vermögen

assignment Abtretung; Übereignung; Zuordnung; Aufgabe

assignment of accounts receivable Forderungsabtretung

assignment of security Sicherungsabtretung

associate assoziiertes Unternehmen; Beteiligungsgesellschaft

associated company assoziiertes Unternehmen

A

association Verband; Verein; Gesellschaft

assumed interest rate Rechnungszins

assumed retirement age rechnerisches Pensionierungsalter

assumed useful life betriebsgewöhnliche Nutzungsdauer

assumption Annahme; Übernahme; Vermutung

assumption of losses Verlustübernahme

assure, to ~ garantieren; sicherstellen; zusagen

at a discount unter pari; unter Nennwert; verbilligt; herabgesetzt

at a premium über pari; über Nennwert

at par value zum Nennwert; zu pari

at sight bei Sicht

attachment Anhang; Anlage; Pfändung

attest, to ~ beglaubigen; bestätigen; zertifizieren

attorney Rechtsanwalt

attributable to entfallen auf; zuordenbar; zurechenbar

attribution of voting rights Stimmrechtzurechnung

auction sale Verkauf durch Versteigerung

audit Abschlussprüfung; Revision; Wirtschaftsprüfung; Überprüfung

audit committee Bilanzausschuss; Prüfungsausschuss

audit costs Prüfungskosten

audit date Prüfungsstichtag

audit engagement Prüfungsauftrag

audit fee Wirtschaftsprüfungsgebühr

audit of the consolidated financial statements Konzernabschlussprüfung

audit opinion Bestätigungsvermerk

audit period Prüfungszeitraum

audit requirement Prüfungspflicht

audit scope Prüfungsumfang

audit, to ~ prüfen; Bücher prüfen

audited financial statements geprüfter Jahresabschluss

auditing Prüfungswesen; Wirtschaftsprüfung

auditing of accounts Bilanzprüfung

auditing standards Prüfungsgrundsätze

auditor Wirtschaftsprüfer; Abschlussprüfer; Buchprüfer

auditors' opinion Bestätigungsvermerk des Abschlussprüfers

auditors' report Prüfungsbericht; Bestätigungsvermerk des Abschlussprüfers

authorised share capital genehmigtes Grundkapital; genehmigtes Aktienkapital

authorised signatory Handlungsbevollmächtigter; Zeichnungsberechtigter

authorisation Befugnis; Berechtigung; Bevollmächtigung

authorised capital stock genehmigtes Aktienkapital

available verfügbar; lieferbar; vorhanden

available funds verfügbare Mittel

A

available net equity verwendbares Eigenkapital

available-for-sale jederzeit veräußerbar

available-for-sale financial assets zur Veräußerung verfügbare finanzielle Vermögenswerte

available-for-sale securities jederzeit veräußerbare Wertpapiere

availment Inanspruchnahme

aval Wechselbürgschaft

average Durchschnitt; durchschnittlich

average daily turnover durchschnittliches Handelsvolumen pro Tag

average life durchschnittliche Nutzungsdauer

average overhead rate Durchschnittsgemeinkostensatz

average productive life durchschnittliche Nutzungsdauer

average/expected useful life durchschnittliche Nutzungsdauer; betriebsgewöhnliche Nutzungsdauer

B

back taxation Nachversteuerung

back taxes Nachsteuern

back value Rückvaluta

back-to-back credit Gegenakkreditiv

bad debt allowances Wertberichtigungen auf Forderungen

bad debt expense Abschreibung zweifelhafter Forderungen

bad debt losses Forderungsausfälle

bad debts uneinbringliche Forderungen

bad investment Fehlinvestition

balance Saldo; Kontostand

balance at beginning of year Saldovortrag am Jahresanfang

balance carried forward Saldovortrag

balance confirmation Saldenbestätigung

balance of trade Handelsbilanz

balance sheet Bilanz

balance sheet account Bilanzkonto

balance sheet adjustment Bilanzberichtigung

balance sheet change Bilanzänderung

balance sheet date Bilanzstichtag

balance sheet evaluation Bilanzbeurteilung .

balance sheet item Bilanzposten

balance sheet structure Bilanzstruktur

balance sheet total Bilanzsumme

balance sheet value Bilanzwert

balanced scorecard ausgewogene Wertungsliste (➔)

balancing Saldierung; Bilanzierung; Abgleich

ballot Stimmzettel; Abstimmung

bank Kreditinstitut

bank acceptance Bankakzept

bank balances Bankguthaben; Guthaben bei Kreditinstituten

bank charges Bankspesen

bank client Bankkunde

bank confirmation Bankbestätigung

bank deposit Bankeinzahlung

bank discount Bankdiskont

bank discount rate Bankdiskontsatz

bank interest Bankzinsen

bank overdraft facility Banküberziehungskredit

bank reconciliation Bankabstimmung

bank statement Bankauszug

bank transfer Banküberweisung

banking business Bankgeschäft

B

bankrupt Konkursschuldner; bankrott; zahlungsunfähig

bankruptcy Bankrott; Konkurs

bankruptcy proceedings Konkursverfahren

bankrupt's estate Konkursmasse

bargain sale Verkauf mit Preisnachlass

bargain, to ~ aushandeln

barrister Rechtsanwalt; Prozessanwalt

barter transaction Kompensationsgeschäft

base salary Grundgehalt

base stock eiserner Bestand

base value Festwert; Grundwert

base value for tax purposes Steuermessbetrag

based in mit Firmensitz in

basic data Eckdaten; Grunddaten

basic earnings unverwässertes Ergebnis

basic earnings per share Gewinn je Aktie; unverwässertes Ergebnis je Aktie

basic rate Normalsatz; Grundpreis

basic wage Grundlohn

basis Basis; Grundlage

basis for taxation Besteuerungsgrundlage

basis of accounting Grundlagen der Rechnungslegung

basis of assessment Bemessungsgrundlage

basis of the basic earnings per share Basis für das unverwässerte Ergebnis je Aktie

basis of the diluted earnings per share Basis für das verwässerte Ergebnis je Aktie

bearer Inhaber; Träger

bearer bond Inhaberschuldverschreibung

bearer certificate Inhaberpapier

bearer scrip Interimschein

bearer stock Inhaberaktie

below par unter pari

benchmarking Leistungsvergleich (→)

beneficiary Begünstigter; Nutznießer; Erbe

beneficiary of a letter of credit Akkreditivbegünstigter

benefit Vorteil; Unterstützung; Leistung

beyond budgeting Verzicht auf Budgetierung (→)

bid Preisangebot; Gebot

bid price Geldkurs; Angebotspreis

bidder Anbieter; Bieter

bill Rechnung; Banknote; Wechsel

bill at sight Sichtwechsel

bill of acceptance Akzept

bill of exchange Wechsel; Tratte

bill of lading (B/L) Frachtbrief

bill of material Stückliste

billing Fakturierung; Berechnung

blank blanko

block credit Rahmenkredit

blocked account Sperrkonto

blue chips Stammaktien erstklassiger Firmen

blue-collar worker Arbeiter

B

blueprint Blueprint (→)

board member Vorstandsmitglied

bona fide gutgläubig; in gutem Glauben

bond Anleihe; Obligation; Rentenschuldverschreibung

bond coupon Zinsschein; Inhaberschuldverschreibung

bond holder/creditor Obligationsgläubiger

bond issue Anleihenemission; Obligationsausgabe

bond issuer/debtor Obligationsschuldner

bond market Anleihemarkt

bond/debenture carrying proportionate rights Teilschuldverschreibung

bond/fixed-income fund Rentenfonds

bonds Anleihen

bonus Bonus; Prämie; Tantieme; Sondervergütung; Gratifikation

book depreciation buchmäßige Abschreibung

book value Buchwert

book, to ~ buchen; bestellen; reservieren; verbuchen

booked gebucht

booking Buchung; Verbuchung

bookkeeper Buchhalter

bookkeeping Buchhaltung; Buchführung

borrower Kreditnehmer

borrower's note Schuldbrief

borrowing Kreditaufnahme

borrowing costs Fremdkapitalkosten; Auszahlungen aus Zinsen; Kreditkosten

borrowing rate Ausleihungssatz

borrowings in Anspruch genommener Kredit; fremde Mittel

bottleneck Engpass

branch (office) Niederlassung; Filiale; Geschäftsstelle

branch manager Geschäftsstellenleiter

brand Marke; Handelsmarke

breach of duty Pflichtverletzung

breakdown Aufgliederung; Aufschlüsselung; Untergliederung

breakdown of income from financial investments Aufgliederung des Ergebnisses aus Finanzanlagen

break-even analysis Deckungsbeitragsrechnung; Rentabilitätsanalyse

break-even point Ertragsschwelle

broker Makler; Kommissionär

brokerage Courtage; Maklerprovision

brokerage business Vermittlungsgeschäft

brokered new business vermitteltes Neugeschäft

brokering system Maklersystem

broker's commission Courtage; Maklerprovision

budget Budget; Plan

budget variance Budgetabweichung

budgeting Budgetierung; Finanzplanung

building Gebäude

building society Bausparkasse

buildings on third-party land Bauten auf fremden Grundstücken

bullet loan Anleihe mit Endfälligkeit

burglary insurance Einbruchsversicherung

business Geschäft; Unternehmen; Betrieb

business account Geschäftskonto

business analysis Unternehmensanalyse

business administration Betriebswirtschaftslehre

business combination Unternehmenszusammenschluss; Unternehmenserwerb

business consultant Betriebsberater

business custom Handelsbrauch

business expansion Erweiterung des Geschäftsbetriebs

business interruption insurance Betriebsunterbrechungsversicherung

business model Geschäftsmodell

business on joint account Konsortialgeschäfte

business operation Geschäftstätigkeit

business ratios betriebswirtschaftliche Kennzahlen

business related expense Betriebsausgabe

business related income Betriebseinnahme

business segment Geschäftsbereich; Geschäftsfeld

business transaction Geschäftsvorgang; Geschäftsabschluss

business trip Geschäftsreise

business valuation Unternehmensbewertung

business year Geschäftsjahr

business, line of ~ Geschäftszweig

business, to be away on ~ dienstlich unterwegs sein

business-interruption insurance Betriebsunterbrechungsversicherung

buyback Rückkauf

by way of pledge pfandweise

byelaws Satzung; Statuten

by-product Nebenprodukt

B

C

calculated employee turnover
rechnerische Fluktuation

calculated income tax expenditure
rechnerischer Ertragsteueraufwand

calculation Kalkulation; Berechnung

call money Tagesgeld

call option Kaufoption

call rate Tagesgeldzinssatz

callable abrufbar

cancel, to ~ stornieren; absagen; kündigen; löschen

cancellable kündbar

cancellation Widerruf; Stornierung

capacity Kapazität

capacity utilization Kapazitätsauslastung

capital Kapital

capital authorised for issue genehmigtes Kapital

capital contribution Einlage

capital expenditure aktivierungspflichtige Ausgabe; Investition

capital gains Gewinn bei Veräußerung von Vermögensteilen; Veräußerungsgewinn

capital increase Kapitalerhöhung

capital increase through contributions in kind Sachkapitalerhöhung

capital increases Zugänge durch Kapitalerhöhung

capital invested Stammeinlage

capital loss Kapitalverlust; Veräußerungsverlust

capital market interest rate Kapitalmarktzinsen

capital requirements Kapitalbedarf

capital reserves Kapitalrücklage

capital share Kapitalanteil

capital share paid in Kapitaleinlage

capital spending plan Investitionsplan

capital stock Aktienkapital; Grundkapital; Stammkapital

capital stock issued ausgegebenes Aktienkapital

capital surplus Kapitalreserven; Überschuss; Kapitalrücklagen

capital transfer tax Schenkungssteuer

capital turnover Kapitalumschlag

capital yield Kapitalertrag

capital yields tax Kapitalertragssteuer

capital-forming payments vermögenswirksame Leistungen

capitalisation Aktivierung (*Bilanz*)

capitalise, to ~ aktivieren; kapitalisieren

capitalised costs aktivierte Kosten

carry forward Saldovortrag

carry forward, to ~ to new account auf neue Rechnung vortragen

carry in the balance sheet bilanzieren

carrying amount; carrying value Buchwert

cash Bargeld

cash advance Barvorschuss

cash and cash equivalents Finanzmittel; Bargeld und Buchgeld

cash and cash equivalents at beginning of period Finanzmittelbestand am Anfang der Periode

cash and cash equivalents at end of period Finanzmittelbestand am Ende der Periode

cash and trade discounts Skonti und Rabatte

cash at bank Bankguthaben

cash audit Kassenprüfung

cash balance Bestand

cash disbursement Geldausgang

cash discount Barskonto

cash dividend Bardividende

cash equivalents Zahlungsmitteläquivalente

cash flow from financing activities Cashflow aus Finanzierungstätigkeit

cash flow from investing activities Cashflow aus der Investitionstätigkeit

cash flow from operating activities Cashflow aus der laufenden Geschäftstätigkeit

cash flow statement Kapitalflussrechnung

cash generating unit zahlungsmittelgenerierende Einheit

cash holdings liquide Mittel

cash inflow Mittelzuflüsse

cash item zahlungswirksam

cash on delivery (c.o.d.) Nachnahme; zahlbar bei Lieferung

cash on hand Kassenbestand

cash payment Barzahlung

cash ratio Liquidität ersten Grades

cash receipt Geldeingang; Bareinnahme; Kassenquittung

cash surrender value Rückkaufswert

cash transaction Bargeschäft

cash value Barwert

cash with order zahlbar bei Auftragserteilung

cash-relevant zahlungswirksam

casting vote entscheidende Stimme

cause analysis Ursachenanalyse

cause of action Klagegrund

central bank balances Bundesbankguthaben

central bank Notenbank

certificate Urkunde; Bescheinigung

certificate of indebtedness Schuldschein

certificate of registration Handelsregisterauszug

certification Bestätigung

certify, to ~ beglaubigen; bescheinigen

cession Abtretung

chairman Vorsitzender

chairman of the board Vorstandsvorsitzender

chamber of commerce Handelskammer

chamber of commerce and industry Industrie- und Handelskammer

change Änderung; Wandel; Wechsel

change in value Wertveränderung

change in work-in-process Bestandsveränderungen

change of ownership Eigentumswechsel

change/amendment to the articles of association/byelaws Satzungsänderung

changeover Umstellung

changes in allowances for losses on loans and advances Entwicklung der Risikovorsorge im Kreditgeschäft

changes in cash and cash equivalents due to exchange rate movements wechselkursbedingte Wertänderungen des Finanzmittelbestands

changes to deferred provision for premium refunds included in the operating result erfolgswirksame Veränderung der Rückstellung für latente Beitragsrückerstattung

changes to the scope of consolidation Änderung des Konsolidierungskreises

charge Belastung; Gebühr

charge off, to ~ ausbuchen

charge, to ~ belasten

charge, to ~ on weiterbelasten

charge-off Ausbuchung

charging Verrechnung; Berechnung

chart Diagramm; Grafik; Tabelle

chart of accounts Kontenplan

check Kontrolle; Prüfung

check, to ~ kontrollieren; prüfen

cheque Scheck

chief executive office Vorstandsvorsitzender

Chief Financial Officer (CFO) Finanzvorstand

civil code Bürgerliches Gesetzbuch (*BGB*)

civil law Zivilrecht

civil servant Beamter

claim Anspruch; Forderung; Schaden

claim for damages Schadenersatzanspruch

claim for refund Erstattungsanspruch

claim settlement Schadenregulierung

claims expenditure Schadenaufwendung

claims payment Schadenzahlung

claims reserve Schadenrückstellung

class of assets Gruppe von Sachanlagen

classification Gliederung; Einstufung; Gruppierung

classify, to ~ gliedern; einordnen; einteilen

clause Klausel; Bestimmung

clear, to ~ löschen; streichen

clearing Verrechnung; Abrechnung; Ausgleich

clearing account Verrechnungskonto

clearing system Abrechnungsverfahren

client Kunde; Mandant

close Schlusskurs; Abschluss

closed case rechtskräftig abgeschlossener Fall

closing Saldierung; Auflösung; Schließung

closing balance Endbestand

closing balance sheet Schlussbilanz

closing date Abschlusstermin

closing entry Abschlussbuchung

closing price Schlussnotierung

closing rate Stichtagskurs

closing the accounts Abschluss der Konten

codetermination Mitbestimmung

coin Münze

co-insurance Mitversicherung

collateral Pfand; Sicherheit (dinglich)

collateral for a loan Sicherheiten für ein Darlehen

collateral loan Lombardkredit

collateralise, to ~ eine Forderung durch Pfand sichern

collection Inkasso; Einzug; Erfassung; Sammlung

collection risk Delkredere

collective bargaining Tarifverhandlungen

collective bargaining agreement Tarifvertrag

collective posting Sammelbuchung

collusion betrügerische Absprache

column Spalte; Rubrik

come, to ~ into force in Kraft treten

comment Anmerkung

commercial gewerblich; kommerziell; wirtschaftlich

commercial agent Handelsvertreter

commercial balance sheet Handelsbilanz

commercial enterprise Wirtschaftsunternehmen

commercial law Handelsrecht

commercial register Handelsregister

commercial register extract Handelsregisterauszug

commercial transactions Handelsgeschäfte

commission Provision; Ausschuss

commission claim Provisionsanspruch

commission income Provisionsertrag

commissions paid Provisionsaufwendungen

commitment Verpflichtung; Obligo

committee Ausschuss

commodity exchange Warenbörse

common share Stammaktie

commuting expenses Fahrtkosten zur Arbeitsstelle

company Unternehmen; Gesellschaft; Firma

C

company disclosure law Publizitätsgesetz

company in which an interest is held Beteiligungsgesellschaft

company law Gesellschaftsrecht

company owner Unternehmenseigner

comparability Vergleichbarkeit

comparative information vergleichbare Information

compare, to ~ vergleichen

comparison Vergleich

comparison of projected and actual figures Soll/Ist-Vergleich

compensation Entschädigung

compensation for damages Schadenersatz

competence Kompetenz; Zuständigkeit

competition Konkurrenz; Wettbewerb

competition analysis Wettbewerbsanalyse

competition clause Wettbewerbsklausel

compilation Zusammenstellung; Sammlung; Erfassung

compile zusammenstellen; erfassen

compile a list eine Liste erstellen

compile records Akten anlegen

compile statistics Statistiken erstellen

complaint Reklamation; Beschwerde

complete, to ~ ausfüllen (*Formular*); fertig stellen; vollenden

completeness Vollständigkeit

complexity costs Komplexitätskosten

composite rate method of depreciation Gruppenabschreibung

composition Zusammensetzung

compound entry zusammengesetzter Buchungssatz; Sammelbuchung

compound instrument zusammengesetztes Instrument

compound interest Zinseszins

compound item Sammelposten

comprehensibility Verständlichkeit

comprehensive consolidation Vollkonsolidierung

compulsory dues Zwangsbeiträge

compulsory insurance Pflichtversicherung

compulsory social security contributions gesetzliche soziale Aufwendungen

concessions Konzessionen

conclusion Feststellung; Endergebnis; Fazit

condensed balance sheet zusammengefasste Bilanz

condition Bedingung; Auflage; Beschaffenheit

conditional sale Verkauf unter Eigentumsvorbehalt

conditional sales contract Kaufvertrag mit Eigentumsvorbehalt

confidential vertraulich

confirmation Bestätigung

confirmed/irrevocable letter of credit bestätigtes/unwiderrufliches Akkreditiv

confiscation Beschlagnahmung; Einziehung (von Vermögen)

conservative valuation vorsichtige Bewertung

consigned inventory Fremdlager

consignee Kommissionär; Warenempfänger

consignment Kommission; Lieferung; Sendung

consistency Stetigkeit; Übereinstimmung

consistent stetig; beständig; konsistent

consolidated accumulated deficit Konzernverlust

consolidated balance sheet Konzernbilanz; konsolidierte Bilanz

consolidated cash flow statement Konzernkapitalflussrechnung

consolidated financial statements Konzernabschluss

consolidated financial statements and accounting for investments in subsidiaries konsolidierte Abschlüsse und Bilanzierung von Anteilen an Tochterunternehmen

consolidated income statement Gewinn- und Verlustrechnung Konzern; konsolidierte Erfolgsrechnung

consolidated net loss Konzernfehlbetrag

consolidated net profit Konzernüberschuss

consolidated net profit for the period Konzernjahresüberschuss

consolidated profit/loss for the period Konzernjahresergebnis

consolidated retained earnings Konzerngewinn

consolidated statement of changes in equity Konzerneigenkapitalspiegel

consolidated tax group Organschaft

consolidation Konsolidierung

consolidation measure Konsolidierungsmaßnahme

consolidation of debts Schuldenkonsolidierung

consolidation process Konsolidierungsvorgang

consortium Konsortium

constituent Bestandteil

constitution Grundgesetz; Satzung; Beschaffenheit

construction financing Baufinanzierung

construction in progress Anlagen im Bau

constructive dividend verdeckte Gewinnausschüttung

constructive obligation faktische Verpflichtung

consultancy Beratung; Beratungsunternehmen

consultancy costs Beratungskosten

consultant Berater

consultant expertise Beraterkompetenz

consulting Beratung

consumables and supplies Betriebs- und Hilfsstoffe

consumer Verbraucher

consumption Verbrauch

C

contingent asset Eventualforderung

contingent fee Erfolgshonorar

contingent liability Eventualschuld

contingent losses drohende Verluste

contingent rent bedingte Mietzahlung

continued operations fortgeführte Geschäftsbereiche

contra account Gegenkonto

contra entry Gegenbuchung

contract Vertrag

contract of pledge Verpfändungsvertrag

contractual agreement vertragliche Vereinbarung

contractual liability Vertragshaftung

contractual obligation Vertragspflicht

contractual rights Vertragsrechte

contractual time to maturity vertragliche Restlaufzeit

contribution Beitrag; Spende

contribution in kind Sacheinlage

control agreement Beherrschungsvertrag

control and profit/loss transfer agreement Beherrschungs- und Ergebnisabführungsvertrag

control instrument Steuerungsinstrument

control of an entity Kontrollverhältnis eines Unternehmens

controllable cost kontrollierbare Kosten

controlled company beherrschte Gesellschaft

controlled price Festpreis

controlling company herrschende Gesellschaft

conversion Umrechnung; Umwandlung

conversion of securities Wandlung von Wertpapieren

conversion price Wandlungspreis

conversion rate Umrechnungskurs

conversion right Wandlungsrecht

conversion table Umrechnungstabelle

convert, to ~ umrechnen

convertible bond Wandelschuldverschreibung

convertible debenture Wandelschuldverschreibung

convey, to ~ übereignen

co-owner Mitinhaber

co-ownership Miteigentum

copy Kopie; Abschrift

copyright Urheberrecht; Schutzrecht

corporate assets gemeinschaftliche Vermögenswerte

corporate entity Körperschaft

corporate governance report Corporate Governance Bericht

corporate income tax Körperschaftssteuer

corporate philosophy Unternehmensphilosophie

corporate strategy Unternehmensstrategie

corporate strategy risk unternehmensstrategisches Risiko

corporation Kapitalgesellschaft; Körperschaft

corporate tax Körperschaftsteuer

corporation tax rate Körperschaftssteuersatz

corridor Korridor

corridor approach Korridorverfahren

cost account Kostenkonto

cost accountant Betriebsbuchhalter

cost accounting Betriebsabrechnung

cost accounting department Betriebsbuchhaltung

cost allocation Kostenumlage; Kostenverrechnung; Kostenaufteilung

cost analysis Kostenanalyse

cost centre Kostenstelle

cost centre settlement Kostenstellenabrechnung

cost cutting Kosteneinsparung

cost deviation Kostenabweichung

cost distribution Kostenverteilung

cost distribution sheet Betriebsabrechnungsbogen (BAB)

cost estimation Kalkulation

cost estimator Betriebskalkulator

cost management Kostenmanagement

cost method Anschaffungskostenmethode

cost object Kostenträger

cost of an acquisition Anschaffungskosten des Unternehmenserwerb

cost of conversion Herstellungskos-ten

cost of distribution Vertriebskosten

cost of financing Finanzierungskos-ten

cost of materials Materialkosten; Kosten Roh-/Verbrauchsstoffe

cost of production Herstellungskosten

cost of purchased services Aufwendungen für bezogene Leistungen

cost of sales method Umsatzkostenverfahren

cost per unit Stückkosten

cost price Einstandspreis

cost recovery Kostenerstattung

cost reduction Kostensenkung

cost responsibility Kostenverantwortlichkeit

cost saving Kosteneinsparung

cost sheet Kostenabrechnung; Kostenbogen

cost structure Kostenstruktur

cost transfer Weiterbelastung; Kostenübernahme

cost unit Kostenträger

cost value Kostenwert; Einstandswert

cost variance/variation Kostenabweichung

cost/benefit analysis Kosten-Nutzen-Analyse (KNA)

131

cost/gain analysis Kosten-Ertrags-Analyse

cost-benefit ratio Kosten-Nutzen-Verhältnis; Gewinnkoeffizient

cost-centre accounting Kostenstellenrechnung

cost-cutting measures Kostensenkungsmaßnahmen

cost-effective wirtschaftlich; kostengünstig; rentabel

costing Kostenermittlung; Kalkulation

costs Aufwand; Kosten

costs of disposal Veräußerungsosten

costs of premises Gebäudekosten

costs of purchase Anschaffungsosten

cost-type accounting Kostenartenrechnung

counterfeit money Falschgeld

counteroffer Gegenangebot

countervailing credit Gegenakkreditiv

country of origin Ursprungsland

coupon Bezugsschein; Gutschein

coupon bond Obligation mit Zinsabschnitt

court Gericht

court and legal costs Prozesskosten

court of arbitration Schiedsgericht

court of jurisdiction Gerichtsstand

court order to pay Mahnbescheid

coverage Schadendeckung

covering funds Deckungsmittel

created goodwill originärer Goodwill

creation of a reserve Bildung einer Reserve

credit Darlehen; Gutschrift; Habenbuchung

credit balance Guthaben; Habensaldo

credit commitment Kreditzusage

credit cost Kreditkosten

credit entry Gutschrift; Habenbuchung

credit guarantee Kreditbürgschaft

credit limit Kreditlimit

credit line Rahmenkredit; Kreditrahmen

credit line agreement Rahmenkreditvereinbarung

credit manager Kreditverwalter

credit note Gutschriftsanzeige

credit rating Kreditwürdigkeitsprüfung; Bonitätseinstufung

credit report Kreditauskunft

credit risk Kreditrisiko; Bonitätsrisiko

credit scoring Kreditwürdigkeitsprüfung

credit standing Kreditwürdigkeit; Bonität

credit terms Kreditkonditionen

credit/debit Haben/Soll

creditor Gläubiger; Kreditgeber

creditor in bankruptcy Konkursgläubiger

creditworthy kreditfähig

cross-checking Querkontrolle

crossed cheque Verrechnungsscheck

currency Währung

currency conversion Währungsumrechnung

currency in circulation Geldumlauf

currency risk Währungsrisiko

currency translation Währungsumrechnung

currency translation expenses
Aufwendungen aus der Wäh-
rungsumrechnung

current laufend; aktuell; geläufig

current account laufendes Konto;
Girokonto

current assets Umlaufvermögen;
kurzfristige Vermögenswerte

current fiscal year laufendes Geschäftsjahr

current income laufende Erträge

current liabilities kurzfristige
Schulden; kurzfristige Verbindlichkeiten

current ratio Liquidität dritten
Grades

current service costs laufender
Dienstzeitaufwand

current tax tatsächliche Steuern

current value Zeitwert; Tageswert

curtailment Plankürzung; Kürzung

custodian Vermögensverwalter

custodian account Depot

custody account Sammeldepot

custody business Depotgeschäft

customary in banking banküblich

customer Kunde

customer service Kundendienst

customs duties Einfuhrabgaben

cut-off date Stichtag

cyclical fluctuations zyklische
Konjunkturschwankungen

C

133

D

daily allowance Tagegeld; Spesen

daily turnover Tagesumsatz

damage Schaden; Beschädigung

damages Schadensersatz

data Daten

data development analysis Effizienzmessverfahren (*nicht parametrisch*)

data input Dateneingabe

data mining Datenanalyse (→)

data output Datenausgabe

data processing Datenverarbeitung

data warehouse zentrale Datensammlung (→)

date of transaction Abschlussdatum

date of transition to IFRS Übergangszeitpunkt auf IFRS

day-to-day money Tagesgeld

deadline Termin; Stichtag

dealing in shares Aktienhandel

debenture Schuldverschreibung

debit Lastschrift; Sollposten; Belastung

debit balance Schuldsaldo; Sollsaldo

debit entry Belastung; Lastschrift; Sollbuchung

debit note Belastungsanzeige

debit, to ~ belasten; abbuchen

debit/credit Soll/Haben

debt cancellation Schuldenerlass

debt ratio Verschuldungsgrad

debt remission Schuldenerlass

debt restructuring Umschuldung

debt waiver Schuldenerlass

debtor Schuldner

debts receivable Außenstände

deception Täuschung

decision Entscheidung

decision usefulness Entscheidungsnutzen

declaration of assignment Abtretungserklärung

declaration of compliance Entsprechenserklärung

declaration of intent Absichtserklärung

declaration of liability Haftungserklärung

decline in value Wertminderung

declining balance method of depreciation degressive Abschreibung

decrease Abnahme; Herabsetzung; Verminderung

decrease in deferred tax assets and liabilities Abnahme der aktiven/passiven Steuerabgrenzung

decrease of other assets Abnahme der sonstigen Aktiva

decrease of other liabilities and shareholders' equity Abnahme der sonstigen Passiva

decrease of provisions Abnahme der Rückstellungen

decree Erlass; Verordnung

deduct from taxes steuerlich absetzen

deductible absetzbar; abzugsfähig; Selbstbehalt

deductible depreciation abzugsfähige Abschreibung

deductible expenses abzugsfähige Betriebsausgaben

deductible temporary difference abzugsfähige temporäre Differenzen

deduction Abzug

deduction from an account Abbuchung vom Konto

deduction of input tax Vorsteuerabzug

deed notarielle Urkunde

deed of assignment Abtretungsurkunde

deemed capital gains tax Vermögenszuwachssteuer

default Verzug; Nichterfüllung; vorgegebener Wert

default interest Verzugszinsen

default risk Ausfallrisiko

default summons Mahnbescheid

deferability Abgrenzbarkeit

deferral Abgrenzung (transitorisch); Stundung; Verlängerung; Verschiebung

deferred charges Rechnungsabgrenzungsposten, transitorisches Aktivum

deferred income passive Abgrenzung; transitorische Passiva; passive Rechnungsabgrenzungsposten

deferred income tax liabilities passive Steuerabgrenzung

deferred share nicht sofort dividendenberechtigte Aktie

deferred tax assets latente Steueransprüche; aktive latente Steuerabgrenzung

deferred tax liabilities latente Steuerschulden; passive latente Steuerabgrenzung

deferred taxes latente Steuern

deficit Fehlbetrag; Unterdeckung; Verlust

defined benefit liability Schuld aus einem leistungsorientierten Plan

defined benefit obligation leistungsorientierte Verpflichtung

defined benefit pension plan leistungsorientierter Pensionsplan

defined benefit plan leistungsorientierter Plan

defined contribution plan beitragsorientierter Plan

degree of utilization Auslastungsgrad

delay Aufschub; Verzögerung; Verspätung

delete, to ~ löschen

delineation Abgrenzbarkeit

delinquent tax rückständige Steuer

delivery Lieferung

delivery terms Lieferbedingungen

D

135

delivery time Lieferzeit

demand Nachfrage; Anforderung; Bedarf

demand for payment Zahlungsaufforderung

demanding anspruchsvoll

demonstrably committed nachweisliche Verpflichtung

denomination Stückelung (*bei Aktien*); Bezeichnung; Benennung

dependency agreement Beherrschungsvertrag

dependent abhängig; unselbstständig

depletion Abschreibung wegen Substanzverzehr

deposit Anzahlung; Einzahlung; Guthaben; Kaution; Hinterlegung

deposit liability Depotverbindlichkeit

deposit slip Einzahlungsbeleg

deposit, to ~ einzahlen

deposits at Deutsche Bundesbank Bundesbankguthaben

depreciable amount Abschreibungsvolumen

depreciable costs abschreibbare Kosten

depreciate, to ~ abschreiben

depreciated cost Kosten abzüglich aufgelaufener Abschreibung; Zeitwert

depreciation Abschreibung; Teilwertberichtigung

depreciation and amortisation of tangible and intangible non-current assets Abschreibungen auf Sachanlagen und immaterielle Vermögensgegenstände

depreciation basis Abschreibungsgrundlage

depreciation expense Abschreibungsaufwand

depreciation for tax purposes steuerliche Abschreibung

depreciation method Abschreibungsverfahren

depreciation of fixed assets Abschreibungen auf das Anlagevermögen

depreciation of low-value assets Abschreibung geringwertiger Wirtschaftsgüter

depreciation of property, plant and equipment Wertberichtigung auf das Anlagevermögen

depreciation period Abschreibungszeit

depreciation rate Abschreibungssatz

depreciation rule AfA-Grundsatz

deputy Stellvertreter

deputy chairman stellvertretender Vorsitzender

derecognise, to ~ ausbuchen

derecognition Ausbuchung

derivative Derivat

derivative financial instruments derivative Finanzinstrumente

detail Einzelheit

determination Feststellung

devaluation Abwertung

devaluation of currency Abwertung der Währung

devalue, to ~ abwerten

development Entwicklung

development costs Entwicklungskosten

deviate, to ~ abweichen; ableiten

deviation Abweichung; Ableitung

differential cost Grenzkosten

digit Ziffer; Zahl

diluted verwässert

diluted earnings verwässertes
Ergebnis

dilution Verwässerung

dilutive potential ordinary shares
verwässernde potenzielle Stammaktien

direct amortisation Direktab-
schreibungen

direct costing Teilkostenkalkulation

direct costs Einzelkosten

direct holding unmittelbarer Anteilsbesitz

direct insurance Direktversicherung

direct labour Fertigungslohn

direct method of reporting cash
flows from operating activities
direkte Darstellung der Cashflows
aus der betrieblichen Tätigkeit

directive Richtlinie; Anweisung

disability insurance Invalidenversicherung

disability pension Invalidenrente

discerning anspruchsvoll

discharge, to ~ abberufen; ausbuchen

disclaimer Widerruf

disclosure Offenlegung; Ausweispflicht; Bekanntmachung

disclosure obligation Angabepflicht

disclosure of hidden reserves
Aufdeckung stiller Reserven

disclosure requirements Offenlegungspflichten; Pflichtangaben

discontinued operations aufgegebene Geschäftsbereiche

discount Preisnachlass; Rabatt;
Diskont; Skonto; Disagio

discount factors Abzinsungsfaktoren

discount loan Diskontkredit

discount rate Abzinsungssatz;
Diskontsatz; Kapitalisierungszinsfuß

discountable bill of exchange
diskontfähiger Wechsel

discounted note diskontierter
Wechsel

discounting Abzinsung

discounting rate Diskontierungssatz

discounts granted gewährte Skonti

discretionary treuhänderisch

dishonoured bill notleidender
Wechsel

dismiss, to ~ ablehnen; entlassen

dismiss, to ~ without notice
fristlos kündigen

dismissal Entlassung

disposable verfügbar

disposable funds verfügbare Mittel

disposal Abgang (aus dem Anlagevermögen); Veräußerung

disposal at book value
Buchwertabgang

D

disposal of long-term financial investments Abgang langfristiger Finanzinvestitionen

disposition of earnings Ergebnisverwendung

dispossession Enteignung

dispute Streit

dissolve, to ~ **a company** eine Gesellschaft auflösen

distraint Zwangsvollstreckung

distribute, to ~ ausschütten; verteilen; vertreiben

distributed dividend ausgeschüttete Dividende

distributed profit ausgeschütteter Gewinn *(Dividende)*

distribution Verteilung; Vertrieb; Ausschüttung

distribution channels Absatzwege

distribution costs Absatzkosten

distribution of earnings Gewinnausschüttung

distribution of retained earnings Gewinnverteilung

distribution rate Ausschüttungsquote

diverge abweichen

divergence Abweichung

divergent trade tax charge abweichende Gewerbesteuerbelastung

dividend Dividende; ausgeschütteter Gewinn

dividend income Dividendenerträge

dividend paid to parent's shareholders Dividenden an Anteilseigner der Konzernmutter

dividend payout Ausschüttung

dividend per share in € Dividende je Aktie in EUR

dividend rate Dividendensatz

dividend yield Dividendenrendite

dividends paid to shareholders Dividende an Aktionäre

division Geschäftsbereich; Aufteilung; Trennung

document Dokument; Schriftstück; Urkunde

documentation Unterlagen; Dokumentation

domestic inländisch

domestic business Inlandsgeschäft

domicile Wohnsitz; Sitz einer Firma

dominant enterprise herrschendes Unternehmen

dominant influence beherrschender Einfluss

donation Spende

donor Stifter

dormant account inaktives Konto

dormant company ruhende Gesellschaft

double entry bookkeeping doppelte Buchführung

double taxation Doppelbesteuerung

double taxation agreement Doppelbesteuerungsabkommen

double taxation treaty Doppelbesteuerungsabkommen

doubtful accounts zweifelhafte Kunden

doubtful debts zweifelhafte Forderungen

doubtful trade receivables zweifelhafte Forderungen aus Lieferungen und Leistungen

down payment Abschlagszahlung; Anzahlung

downtrend Abwärtstrend

downward trend rückläufiger Trend

draft Entwurf; Tratte

draft note gezogener Wechsel

drawee Bezogener; Wechselbezogener; Trassat

drawer Aussteller eines Wechsels; Trassant

drawing restriction Verfügungsbeschränkung

drop in price Preisrückgang

due fällig; Anteil; Gebühr

due date Fälligkeitstermin; Stichtag

due diligence Sorgfaltspflicht (→)

due on demand täglich fällig

due to aufgrund

due to exchange rate movements Wechselkursbedingt

dues Beitrag; Abgaben

dun, to ~ mahnen

dunning Mahnung; Mahnwesen

dunning letter Mahnbrief

dunning procedure Mahnverfahren

duplicate Abschrift

duty free zollfrei

duty to keep accounting records Buchführungspflicht

D

E

early retirement Vorruhestand

earned surplus unverteilter Reingewinn

earning power Ertragskraft

earnings Ergebnis

earnings before interest, taxes, depreciation and amortisation (EBITDA) Gewinne vor Zinsen, Steuern und Abschreibungen

earnings appropriated to reserves in Rücklagen eingestellter Gewinn

earnings before interest and tax (EBIT) Ergebnis der betrieblichen Geschäftstätigkeit; Betriebsergebnis; Gewinn vor Zinsen und Steuern

earnings before tax (EBT) Ergebnis der gewöhnlichen Geschäftstätigkeit

earnings per share Ergebnis je Aktie

earnings per share (basic) unverwässertes Ergebnis je Aktie

earnings per share (diluted) verwässertes Ergebnis je Aktie

earnings summary zusammengefasste Erfolgsrechnung

easement Grunddienstbarkeit

EBIT (earnings before interest and taxes) Gewinn vor Zinsen und Steuern (→)

EBIT margin EBIT-Marge

EBITDA (earnings before interest, taxes, depreciation and amortisation) Gewinn vor Zinsen, Steuern und Abschreibung (→)

economic life wirtschaftliche Nutzungsdauer

economic loss Vermögensschaden

economical wirtschaftlich; sparsam; ökonomisch

economy Wirtschaft

effect Auswirkung; Folge

effective date Inkrafttreten

effective interest method Effektivzinsmethode

effectiveness Wirksamkeit; Effektivität; Wirkungsgrad

effects of changes in foreign exchange rates Auswirkungen von Änderungen der Wechselkurse

effects of dilutive potential (ordinary) shares Auswirkung der verwässernden potenziellen Stammaktien

effects of dividend payouts Ausschüttungseffekte

efficiency Wirtschaftlichkeit; Rentabilität; Nutzeffekt

eligible anspruchsberechtigt

eligible insured years anrechnungsfähige Versicherungsjahre

elimination Eliminierung

embargo Handelsembargo

embedded derivatives eingebettete derivative Finanzinstrumente

emoluments Bezüge; Vergütungen

emphyteusis Erbpacht

employee Arbeitnehmer; Mitarbeiter

employee benefits Leistungen an Arbeitnehmer

employee loan Arbeitnehmerdarlehen

employee participation Mitbeteiligung der Arbeitnehmer

employee turnover Fluktuation

employees' representative Arbeitnehmervertreter

employer Arbeitgeber

employer's share Arbeitgeberanteil

employment Beschäftigung

employment contract Arbeitsvertrag

enclosure Anhang; Anlage

encumbrance Belastung von dinglichen Rechten oder Sachen

end of a term Enddatum; Fristablauf

endorse, to ~ indossieren

endorsement Indossament

endorsement mechanism Anerkennungsverfahren

endowment life insurance Kapitallebensversicherung

enforcement Vollstreckung; Durchsetzung

enter in the balance sheet bilanzieren

enter, to ~ buchen; eingeben; eintragen; erfassen

enterprise Unternehmen

enterprise value Unternehmenswert

entertainment expenses Bewirtungskosten

entertainment tax Vergnügungssteuer

entitled, to be ~ to berechtigt sein

entitlement Anspruch

entrepreneur Unternehmer

entry Buchung; Eintragung; Eingabe

equal number of votes Stimmengleichheit

equalisation fund Schwankungsrückstellung

equalisation levy Lastenausgleichsabgabe

equalisation reserve Rückstellung für Ausgleichsansprüche

equalisation-of-burden law Lastenausgleichsgesetz (LAG)

equipment Ausrüstung; Ausstattung; Einrichtung

equity Eigenkapital

equity and liabilities Passiva; Eigen- und Fremdkapital

equity capital Beteiligungskapital

equity compensation benefits Kapitalbeteiligungsleistungen

equity instrument Eigenkapitalinstrument

equity method Equity-Methode

equity share Stammaktie

escrow Hinterlegung von Urkunden bei Dritten

E

141

E

establish, to ~ provisions Rückstellungen bilden

establish, to ~ reserves Rücklagen bilden

estimate Schätzung; Kostenvoranschlag; Vorkalkulation

estimated cost geschätzte Kosten

evaluate, to ~ auswerten; bewerten

evaluation Auswertung; Bewertung

events after the balance sheet date Ereignisse nach dem Bilanzstichtag

every 6 months halbjährlich

evidence Beweis

ex rights share Aktie ohne Bezugsrecht

examination Prüfung; Überprüfung

examine, to ~ prüfen; untersuchen

examiner Prüfer

exceed, to ~ übersteigen

exceptional burdens außergewöhnliche Belastungen

excess Selbstbehalt; Überdeckung

exchange Tausch

exchange difference Umrechnungsdifferenz

exchange gains and losses Währungsgewinne und -verluste

exchange loss Kursverlust

exchange profit Kursgewinn

exchange rate Umrechnungskurs; Devisenkurs

exchange rate fluctuations Wechselkursschwankungen

excise tax Verbrauchssteuer

execution Ausführung; Durchführung; Vollstreckung

executive leitender Angestellter; Führungskraft

executive board Vorstand

executive body Organ

exempt befreit; ausgenommen

exemption limit Freigrenze

exercise hurdle Ausübungshürde

exercise period Ausübungszeitraum

exercise price Ausübungspreis

exhibition Ausstellung

expansion Ausdehnung; Erweiterung; Expansion

expected useful life voraussichtliche Nutzungsdauer

expenditure Aufwendung; Ausgabe

expense account Spesenkonto

expense reimbursement Aufwandsentschädigung; Spesenerstattung

expense, to ~ passivieren

expenses Betriebsausgaben; Aufwendungen; Spesen; Unkosten

expenses for old-age pension and benefits Aufwendungen für Altersversorgung und für Unterstützung

expenses for raw materials, supplies and purchased merchandise Aufwendungen für Roh-, Hilfs- und Betriebsstoffe sowie für bezogene Waren

expenses for risk provisions Aufwendungen für Risikovorsorge

expenses for voluntary social benefits freiwillige soziale Aufwendungen

experience adjustments erfahrungsbedingte Anpassungen

expert opinion Gutachten

expiration Fristablauf; Verfall

expiration date Verfalldatum

expire, to ~ ablaufen; verfallen

expiry Ablauf einer Frist

expiry date Ablaufdatum

explicit consent ausdrückliche Zustimmung

extension Verlängerung; Stundung; Erweiterung

extension of time/term/maturity Fristverlängerung

external building facilities Außenanlagen

extra charge Aufschlag

extra dividend Sonderdividende

extra pay Sondervergütung

extra profit Zusatzgewinn

extra taxes Nachsteuern

extraordinary depreciation außerordentliche Abschreibung

extraordinary expenses außerordentliche Aufwendungen

extraordinary income außerordentliche Erträge

extraordinary items außerordentliche Posten

extraordinary profit/loss außerordentliches Ergebnis

extraordinary result außerordentliches Ergebnis

E

F

face amount Nennbetrag; Nominalbetrag

face value Nennwert; Nominalwert

face value of a policy Versicherungswert

factoring Einstandspflichten; Verkauf von Forderungen

factory Betrieb; Fabrik; Werk

failure to perform Nichterfüllung

fair dealing Kulanz

fair price angemessener Preis

fair value beizulegender Zeitwert; Marktwert; beizulegender Teilwert

fair values of financial instruments beizulegende Zeitwerte von Finanzinstrumenten

faithful representation glaubwürdige Darstellung

fall, to ~ under the statute of limitation verjähren

falsification of accounts Buchfälschung

fault Fehler; Mangel

faulty fehlerhaft; mangelhaft

federal bulletin Bundesanzeiger

Federal Department of Finance Bundesamt für Finanzen

Federal Financial Supervisory Authority Bundesanstalt für Finanzdienstleistungsaufsicht

federal gazette Bundesgesetzblatt

federal tax bulletin Bundessteuerblatt

fee Gebühr; Honorar

fictitious entry fiktive Buchung

fiduciary treuhänderisch

fiduciary operations treuhänderische Geschäfte

field tax audit Betriebsprüfung

field tax auditor Betriebsprüfer

FIFO (first-in, first-out) FIFO

figure Zahl; Ziffer; Abbildung

file Ablage; Akte; Ordner

file note Aktennotiz

file, to ~ ablegen; abheften

file, to ~ a protest Einspruch einlegen

file, to ~ a suit Klage erheben; verklagen

file, to ~ a tax return Steuererklärung abgeben

file, to ~ an appeal Berufung einlegen

file, to ~ an application einen Antrag einreichen

file; to ~ for bankruptcy Konkurs anmelden

filing deadline Einreichungsfrist

fill, to ~ in ausfüllen (*Formular*)

final due date Endfälligkeit

final maturity Endfälligkeit

final payment Abschlusszahlung

finance cost Finanzergebnis

finance lease Finanzierungsleasing

finance office Finanzamt

financial accounting and reporting principles Grundsätze ordnungsmäßiger Buchführung (GOB)

financial asset finanzieller Vermögenswert

financial asset or financial liability at fair value through profit or loss ergebniswirksamer finanzieller Vermögenswert oder Verbindlichkeit

financial assets Finanzanlagen; Finanzvermögen

financial assets held for trading Handelsbestände

financial calendar Finanzkalender

financial institution Kreditinstitut

financial instrument Finanzinstrument

financial investment Finanzinvestition

financial investments Finanzanlagen

financial items (net) Finanzergebnis

financial liability finanzielle Verbindlichkeit

financial management Finanzmanagement

financial plan Finanzkonzept

financial planning Finanzplanung

financial position Ertragslage; Vermögens- und Finanzlage; Wirtschaftslage

financial position and performance Vermögens-, Finanz- und Ertragslage

financial risks finanzwirtschaftliche Risiken

financial services provider Finanzdienstleister

financial statements Jahresabschluss

financial syndicate Konsortium

financial year Geschäftsjahr

financing Finanzierung

financing activity Finanzierungstätigkeit

financing type Finanzierungsart

fine Geldstrafe; Bußgeldbescheid

finished goods Fertigware

finished product Fertigprodukt

firm commitment feste Verpflichtung

firm purchase commitment feste Kaufverpflichtung

first IFRS financial statements erstmaliger IFRS-Abschluss

first IFRS reporting period erstmaliges IFRS-Berichtsjahr

first-time adopter Erstanwender

first-time adoption erstmalige Anwendung

fiscal fiskalisch; steuerlich; steuerrechtlich

fiscal code Abgabenordnung

fiscal court Finanzgericht

fiscal year Steuerjahr; Geschäftsjahr

fixed asset account Anlagenkonto

fixed asset register Anlagenkartei

F

fixed assets Anlagevermögen

fixed costs Fixkosten

fixed deposit Festgeld; befristete Einlage

fixed income securities festverzinsliche Wertpapiere

fixed interest Festzins

fixed interest payment obligations Festzinsverbindlichkeiten

fixed interest-bearing festverzinslich

fixed portion of remuneration fester Vergütungsbestandteil

fixed price Festpreis

fixed price contract Festpreisvertrag

fixed production overheads fixe Produktionsgemeinkosten

fixed rate payer Festsatzzahler; Festzinszahler

fixed value Festwert

fixed-income security Rentenschuldverschreibung

fixed-term befristet

fixture Inventarstück; festes Inventar

fixtures, fittings and office equipment Anlagen, Betriebs- und Geschäftsausstattung

flat rate Pauschalsatz

flood victim solidarity act Flutopfersolidaritätsgesetz

fluctuation Schwankung

folder Ordner; Mappe

for cash gegen bar

for personal use für private Zwecke

force, to come into in Kraft treten

force majeure höhere Gewalt

forced liquidation Zwangsauflösung

forecast Vorschau; Ausblick

foreclose aufkündigen

foreclosure Zwangsvollstreckung

foreign business or operations Auslandsgeschäft

foreign currency Fremdwährung; Devisen

foreign currency liability Fremdwährungsverbindlichkeit

foreign currency receivables Fremdwährungsforderungen

foreign currency transaction Fremdwährungsgeschäft

foreign currency translation Fremdwährungsumrechnung

foreign entity wirtschaftlich selbstständige ausländische Einheit

foreign exchange Devisen

foreign exchange business Devisenhandel

foreign exchange market (forex) Devisenbörse

foreign exchange risk Kursrisiko

foreign notes and coins Sorten

foreign operation ausländischer Geschäftsbetrieb

foreign trade Außenhandel

foreign trade bank Außenhandelsbank

foreign trade law Außenwirtschaftsgesetz

foreseeable future absehbare Zeit

forfeiting Forfaitierung

forfeiture Verfall (*von Rechten*)

forfeiture of a right Verlust eines Rechtes

forfeiture of shares Kaduzierung von Aktien

forgery Fälschung

forward contracts Termingeschäfte

forward currency transactions Devisentermingeschäfte

forward purchase Terminkauf

forward rate Terminkurs

forward trading Börsentermingeschäft

foundation Stiftung; Gründung

founder Gründer; Stifter

fraction Bruchteil; Anteil

framework Rahmenbedingungen

framework agreement Rahmenvertrag

franchise Konzession; Franchise; Lizenzgebühr

fraud Betrug; Täuschung

free alongside ship (fas) frei längsseits des Schiffes

free float Streubesitz

free of charge unentgeltlich; kostenlos

free on board (fob) frei an Bord

free on rail (for) frei Versandbahnhof

free on ship (fos) frei Schiff

free on track (fot) frei auf Waggon

free reserve freie Rücklage

freehold Eigentumsrecht; Grundbesitz

friendly takeover bid freundliches Übernahmeangebot

fringe benefits zusätzliche Sozialleistungen; freiwillige Sozialleistungen

front-end fee Kreditgebühr

frozen loan eingefrorener Kredit

full consolidation Vollkonsolidierung

full costing Vollkostenkalkulation

full insurance coverage volle Risikoübernahme durch den Versicherer

functional currency Funktionalwährung

fund Anlagefonds; Finanzmittel

funds under management betreutes Vermögen

furniture and fixtures Einrichtungsgegenstände (*bewegliche und eingebaute*)

future economic benefit künftiger wirtschaftlicher Nutzen

future price Terminpreis (an der Börse)

futures Termingeschäfte

futures exchange Terminbörse

F

G

gain Gewinn

gain/loss on disposal of financial assets Gewinn/Verlust aus dem Abgang von Finanzanlagen

gain/loss on disposal of fixed assets Gewinn/Verlust aus dem Abgang von Gegenständen des Anlagevermögens

gain/loss on disposal of intangible assets and property, plant and equipment Gewinn/Verlust aus dem Abgang von immateriellen Vermögenswerten und Sachanlagen

gain/loss on disposal of intangible assets and tangible fixed assets Gewinn/Verlust aus dem Abgang von immateriellen Vermögenswerten und Sachanlagen

gain/loss on disposal of non-current assets Gewinn/Verlust aus dem Abgang von Gegenständen des Anlagevermögens

gap analysis Lückenanalyse

garnishment Pfändung

gearing Verhältnis von Fremd- zu Eigenkapital

general terms of business allgemeine Geschäftsbedingungen

general allowance for bad debts Pauschalwertberichtigung zu Forderungen

general allowance for doubtful accounts Pauschalwertberichtigung

general assignment Globalabtretung

general disclosure requirements generelle Angabepflichten

general information allgemeine Angaben

general ledger Hauptbuch

general ledger accounts Sachkonten

general manager Geschäftsführer

general partner persönlich haftender Gesellschafter; Komplementär

general partnership offene Handelsgesellschaft (OHG)

general purchasing power approach Konzept der allgemeinen Kaufkraft

general reserves offene Rücklage

general tax code Abgabenordnung

general valuation change allgemeine Bewertungsänderung

generally accepted accounting principles (GAAP) Grundsätze ordnungsmäßiger Rechnungslegung

generally accepted auditing standards Grundsätze ordnungsmäßiger Prüfung

German Banking Act Kreditwesengesetz

German Commercial Code Handelsgesetzbuch

German Securities Trading Act Wertpapierhandelsgesetz

gift tax Schenkungsteuer

give , to ~ notice kündigen

go, to ~ up steigen

go, to ~bankrupt Bankrott gehen

going concern Unternehmensfortführung

going-concern value Teilwert

goodwill ideeller Firmenwert;
Kulanz

governing body Organ

government öffentliche Hand

government grants Zuwendungen
der öffentlichen Hand; staatliche
Beihilfen

government/public-
sector/treasury bonds öffentliche
Rentenpapiere

grace period Schonfrist

grant Zuschuss

grant date Gewährungszeitpunkt

grant, to ~ gewähren

grants related to assets Zuwendungen für Vermögenswerte

grants related to income ertragsbezogene Zuwendungen

gross brutto

gross amount Bruttobetrag

gross assets Rohvermögen

gross domestic product (GDP)
Bruttoinlandsprodukt

gross income Bruttoeinkommen

gross loss Rohverlust

gross margin Bruttogewinn (als
Rohertrag)

gross national product (GNP)
Bruttosozialprodukt

gross premium Bruttobeitrag

gross proceeds Rohertrag; Bruttoertrag

gross profit Rohgewinn

gross profit/loss Rohergebnis

gross revenue Roherlös; Bruttoertrag

gross sales Bruttoumsatz

gross value Bruttowert

gross wage Bruttolohn

group Konzern; Gruppe

group accounting Konzernrechnungslegung

group allocation Konzernumlage

group assets Konzernaktiva; Kon-
zernanlagevermögen

group charge Konzernumlage

group company Konzerngesellschaft

group equity and liabilities Konzernpassiva

group management report Konzernlagebericht

group net profit or loss Konzernergebnis

growing demand steigende Nachfrage

growth Zuwachs

guarantee Bürgschaft; Gewährleistung; Garantieverpflichtung; Aval

guarantee obligations Bürgschaftsverpflichtungen

guarantee of a bill of exchange
Wechselbürgschaft

guarantee, to ~ garantieren

guaranteed residual value garantierter Restwert

guarantor Bürge; Sicherheitsgeber

guard, to ~ überwachen

guideline Richtlinie

G

H

half-income method Halbeinkünfteverfahren

half-yearly halbjährlich

handling charges Abwicklungskosten

head of accounting Leiter des Rechnungswesens

health insurance Krankenversicherung

hearing Gerichtsverhandlung

hedge accounting bilanzielle Abbildung von Sicherungszusammenhängen (→)

hedge clause Schutzklausel

hedge effectiveness Wirksamkeit eines Sicherungsgeschäftes

hedged item gesichertes Grundgeschäft

hedging Kurssicherung

hedging instrument Sicherungsinstrument

hedging strategy Absicherungsstrategie

heir Erbe

held-to-maturity securities bis zur Endfälligkeit gehaltene Wertpapiere

hidden capital verdecktes Stammkapital

hidden profit distribution verdeckte Gewinnausschüttung

hidden reserve stille Rücklage

highly probable sehr wahrscheinlich

hire purchase Mietkauf

hire-purchase contract Mietkaufvertrag

historical cost historische Anschaffungs- oder Herstellungskosten; ursprüngliche Anschaffungskosten

hold, to ~ in trust treuhänderisch verwalten

holder Inhaber; Besitzer

holding Besitz

holding company Dachgesellschaft

holiday pay Sonn- und Feiertagsvergütung; Urlaubsgeld

hostile takeover bid feindliches Übernahmeangebot

hourly rate of pay Lohnstundensatz

hourly-paid employee Arbeiter

human resources risks Personalrisiken

hyperinflation Hyperinflation

I

idle capacity ungenutzte Kapazität

illegal gesetzwidrig

immaterial unwesentlich; geringfügig; unbedeutend

immediate write-off Sofortabschreibung

impairment Wertberichtigung; Wertminderung

impairment losses außerplanmäßige Abschreibungen; Wertminderungsaufwand

impairment losses recognised through profit and loss erfolgswirksam erfasster Wertminderungsaufwand

impairment of assets Wertminderung von Vermögenswerten

impairment of intangible assets Wertberichtigung auf immaterielle Vermögenswerte

impending loss drohender Verlust

import duty Einfuhrzoll

impracticable unpraktikabel

improbable unwahrscheinlich

improvement Verbesserung

imputed cost kalkulatorische Kosten

imputed depreciation kalkulatorische Abschreibung

imputed interest kalkulatorische Zinsen

imputed rate of interest zugrundegelegter Zinssatz

in advance im Voraus

in cash bar; Barzahlung

in circulation im Umlauf befindlich

in good faith Treu und Glauben

in lieu of payment statt Zahlung

in possession of im Besitz

in total insgesamt

in trust treuhänderisch

incapacity to work Erwerbsunfähigkeit

incentive Anreiz; Vergünstigung

incentive wage Leistungslohn

inception of a lease Beginn des Leasingverhältnisses

inception of liability Haftungsbeginn

incidental acquisition expenses Anschaffungsnebenkosten

incidental costs Nebenkosten

including einschließlich

income Einkommen; Ertrag; Erlös; Einnahmen

income from associated companies Erträge aus Beteiligungen

income from currency translation Erträge aus der Währungsumrechnung

income from disposal of fixed assets Erträge aus dem Abgang von Anlagevermögen

income from investments Erträge aus Kapitalanlagen; Erträge aus Beteiligungen; Erträge aus sonstigen Vermögensgegenständen des Finanzanlagevermögens

income from loans Erträge aus Ausleihungen

income from long-term equity investments Erträge aus Beteiligungen

income from profit and loss transfer agreements Erträge aus Gewinnabführungsverträgen

income from syndicate business Erträge aus Konsortialgeschäften

income from the disposal of intangible assets and property, plant and equipment Erträge aus dem Abgang von immateriellen Vermögenswerten und Sachanlagen

income from the reversal of provisions Erträge aus der Auflösung von Rückstellungen

income from third parties Erträge mit Dritten

income statement Gewinn- und Verlustrechnung; Erfolgsrechung

income tax Einkommenssteuer; Ertragsteuer; Lohnsteuer

income tax expenditure Ertragsteueraufwand

income tax expense Steuern vom Einkommen und vom Ertrag

income tax law Einkommensteuergesetz

income tax not relating to the period periodenfremde Ertragsteuern

income tax paid gezahlte Einkommenssteuer

income tax payable fällige Ertragsteuern

income tax rate Ertragsteuersatz

income tax return Einkommensteuererklärung

income tax revenue Ertragsteuerertrag

income taxes paid gezahlte Ertragsteuern

income-related expenses Werbungskosten

inconsistency Unstetigkeit; Uneinheitlichkeit; Inkonsistenz

incorporation expenses Gründungskosten

increase Erhöhung; Zunahme; Zuwachs

increase in deferred tax assets and liabilities Zunahme der aktiven/passiven Steuerabgrenzung

increase in value Wertsteigerung

increase of other assets Zunahme der sonstigen Aktiva

increase of other liabilities and shareholders' equity Zunahme der sonstigen Passiva

increase of provisions Zunahme der Rückstellungen

increase, to ~ steigen; zunehmen; erhöhen

incur, to ~ liabilities Verbindlichkeiten eingehen

indebtedness Verschuldung

indefinite unbestimmt

indefinite period unbestimmte Zeit

indefinite term unbestimmte Laufzeit

indemnification Entschädigung; Schadenersatzleistung

indemnity Abfindung

indemnity insurance Schadenersatzversicherung

indemnity payment Abstandszahlung

independent unabhängig

indirect amortisation indirekte Abschreibung

indirect costs Fertigungsgemeinkosten; Gemeinkosten

indirect holding mittelbarer Anteilsbesitz

indirect labour Gemeinkostenlöhne; indirekte Löhne

indirect material Gemeinkostenmaterial

indirect tax indirekte Steuer

indirect taxation indirekte Besteuerung

individual Einzelperson; natürliche Person

industrial gewerblich; industriell

industrial property right gewerbliches Schutzrecht

industry-wide collective agreement Manteltarifvertrag

infringement of rights Verletzung von Rechten

inheritance das Erbe

inheritance tax Erbschaftssteuer

initial account assignment Vorkontierung

initial measurement Zugangsbewertung

initial recognition erstmaliger Ansatz

injection of funds Mittelzuflüsse

inpayment Einzahlungen

input tax Vorsteuer

input, to ~ data Daten eingeben

insolvency Zahlungsunfähigkeit; Insolvenz

insolvent zahlungsunfähig; bankrott; insolvent

inspection Prüfung; Kontrolle

inspection report Prüfbericht technischer Art

inspector Prüfer

instalment Teilzahlung; Rate

instalment credit/loan Ratenkredit; Abzahlungskredit; Teilzahlungskredit

institutional investor institutioneller Anleger

insurance Versicherung

insurance business Versicherungsgeschäft

insurance claim Versicherungsanspruch

insurance coverage Versicherungsdeckung; Versicherungsschutz

insurance policy Versicherungsvertrag

insurance premium Versicherungsbeitrag

insurance risk Versicherungsrisiko

insurance tax Versicherungssteuer

insurant Versicherungsnehmer

insured Versicherungsnehmer

insured party versichert; Versicherungsnehmer

insured value Versicherungswert

insuree Versicherungsnehmer

insurer Versicherer

intangible asset immaterieller Vermögenswert; immaterielles Anlagevermögen (➔)

intercompany zwischenbetrieblich

intercompany price Verrechnungspreis

intercompany transactions zwischenbetriebliche Geschäftsvorgänge

interest Zinsen; Beteiligung; Anteil; Interesse

interest added Zinszuführung

interest and dividends received erhaltene Zinsen und Dividenden

interest balance Zinssaldo

interest bearing verzinslich

interest charge Zinsaufwand

interest expense Zinskosten; Sollzinsen

interest income Zinsertrag; Habenzinsen

interest margin Zinsspanne

interest of a partner in a partnership Anteil eines Gesellschafters an einer Personengesellschaft

interest on capital Kapitalzins

interest on debts Schuldzinsen

interest paid gezahlte Zinsen

interest rate Zinssatz; Verzinsung

interest rate for accounting purposes Rechnungszins

interest rate hedging Zinssicherung

interest rate swap Zinsswap

interest received Einzahlungen aus Zinserlösen

interest results Zinsertrag

interest terms Zinskonditionen

interest-bearing loans and borrowings verzinsliche Ausleihungen

interest-free unverzinslich

interest-swap contracts Zinsswap-Geschäfte

interim closing Zwischenabschluss

interim financial report Zwischenbericht

interim period Zwischenberichtsperiode

interim statements Zwischenabschluss

interlocutory decree vorläufiges Urteil

internal intern; innerbetrieblich

internal audit interne Revision

internal auditor Innenrevisor

internal services innerbetriebliche Leistungen

internal transfer account Durchgangskonto

International Monetary Fund (IMF) Internationaler Währungsfonds (IWF)

international sales Auslandsgeschäft

internship Praktikum

inter-segment income Erträge mit anderen Segmenten

intracompany innerbetrieblich

intracompany sales Innenumsatz

intrinsic value wirklicher Wert

invalid ungültig; außer Kraft

inventory Bestand; Inventar; Vorrat

inventory account Bestandskonto

inventory on hand Lagerbestand

inventory shrinkage Bestandsverlust

inventory tag Inventurzettel

inventory turnover Lagerumschlag

inventory turnover ratio Lagerumschlagshäufigkeit

inventory valuation method Inventurbewertungsmethode

inventory variance/variation Bestandsabweichung

investee Beteiligungsgesellschaft

investigate, to ~ untersuchen

investigation Untersuchung

investing activities Investitionstätigkeiten

investment Investition; Beteiligung; Kapitalanlage

investment and acquisition brokerage Anlage- und Abschlussvermittlung

investment brokerage Anlagevermittlung

investment company Kapitalanlagegesellschaft

investment costs Aufwendungen für Kapitalanlagen

investment credit Investitionskredit

investment fund Anlagefonds; Investmentfonds

investment in an associate Beteiligung

investment income Kapitalerträge

investment objective Anlageziel

investment planning analysis Investitionsplanungsrechnung

investment policy Anlagepolitik

investment property als Finanzinvestition gehaltene Immobilie

investment risk Kapitalanlagerisiko

investment volume Anlagevolumen

investor Anleger

invitation to tender Ausschreibung

invoice Rechnung

invoicing Fakturierung

involuntary bankruptcy proceedings Zwangskonkursverfahren

inward reinsurance business aktives Rückversicherungsgeschäft

irredeemable unkündbar

irregularity Unregelmäßigkeit

irrevocable unwiderruflich

irrevocable credit unwiderruflicher Kredit

irrevocable credit commitment unwiderrufliche Kreditzusage

isolating approach isolierende Betrachtungsweise

issuance Ausgabe; Emission

issuance/drawing of a bill Ausstellung eines Wechsels

issue Ausgabe; Emission; Angelegenheit; Thema

issue in dispute anhängige Streit-frage

issue price Ausgabekurs; Emissionskurs

issue, to ~ ausgeben; ausfertigen; erteilen; herausgeben

issue, to ~ a check einen Scheck ausstellen

issue, to ~ a note einen Wechsel ausstellen

issued capital Grundkapital

issued share ausgegebene Aktie

issued share capital ausgegebenes Aktienkapital

issuer Aussteller; Emittent

IT costs EDV-Kosten

IT equipment EDV-Geräte

item Posten

itemisation Aufschlüsselung; Aufstellung; Einzelnachweis

J

job Auftrag; Aufgabe; Arbeitsplatz

job costing Kostenrechnung für einen Auftrag

job description Arbeitsplatzbeschreibung

joint and several gesamtschuldnerisch

joint control gemeinschaftliches Kontrollverhältnis

joint debtor Gesamtschuldner; Mitschuldner

joint liability Gesamthaftung

joint property Miteigentum

joint venture Interessengemeinschaft

jointly and severally liable gesamtschuldnerisch haften

jointly controlled entity gemeinschaftlich geführte Einheit

jurisdiction Rechtsprechung

K

key data Kennziffern; Kerndaten

key figure Kennzahl

key figures compared to previous year Kennzahlen im Jahresvergleich

key indicator Kennzahl

key management personnel wichtige Mitarbeiter des Management

key performance indicators Kennziffern; Kerndaten

L

labour cost distribution Arbeitskostenverteilung

land Grundstück; Grundbesitz; Boden

land (charge) register Grundbuch

land and buildings Grundstücke und Gebäude

land charge Grundschuld

land register extract Grundbuchauszug

land tax Grundsteuer

landlord Vermieter

landmark decision Grundsatzurteil

landowner Grundeigentümer

lapse Verfall; Ablauf

late delivery Lieferungsverzug

late-payment penalty Säumniszuschlag

law Gesetz; Recht

lawsuit Gerichtsprozess; Rechtsstreit

lawyer Anwalt

layoff Entlassung; vorübergehende Entlassung

lead time Durchlaufzeit

lease Leasingverhältnis

lease contract Leasingvertrag; Mietvertrag

lease term Laufzeit des Leasingverhältnisses

lease, to ~ mieten; pachten; vermieten; verpachten

leasehold improvements Einbauten in gemieteten Geschäftsräumen

leasehold properties fremde Grundstücke

leasehold rights grundstücksgleiche Rechte

leasing Vermietung; Leasing; Pachten

ledger Hauptbuch

ledger sheet Kontoblatt

legal audit requirement gesetzliche Prüfungspflicht

legal claim Rechtsanspruch

legal entity juristische Person

legal obligation rechtliche Verpflichtung

legal provision gesetzliche Bestimmung

legal requirements gesetzliche Vorschriften

legal risk rechtliches Risiko

legal tender gesetzliches Zahlungsmittel

legally binding rechtskräftig

lend, to ~ against security beleihen

lender Kreditgeber

lending rate Lombardsatz

less expenses abzüglich Ausgaben

less tax receivables abzüglich Steuerforderungen

lessee Leasingnehmer; Mieter

lessor Leasinggeber; Vermieter

let, to ~ vermieten

letter Brief

letter of comfort Patronatserklärung

letter of credit Akkreditiv

letter of indemnity Ausfallbürgschaft

letter of intent Absichtserklärung

letter to the shareholders Brief an die Aktionäre

letting Vermietung

leverage Verhältnis von Fremd- zu Eigenkapital

leverage effect Hebelwirkung

levy Abgabe; Steuer

levy rate Hebesatz

liabilities (arising) from deposits Depotverbindlichkeit

liabilities (arising) from trust operations Treuhandverbindlichkeiten

liabilities and shareholders' equity Passiva

liabilities directly associated with non-current assets held for sale Verbindlichkeiten direkt aus zur Veräußerung gehaltenen langfristigen Vermögensgegenständen

liabilities due on demand täglich fällige Verbindlichkeiten

liabilities due to income tax Verbindlichkeiten aus Ertragsteuern

liabilities to associated companies Verbindlichkeiten gegenüber Beteiligungsunternehmen

liability Haftung; Verbindlichkeit; Obligo; Schuld

liability capital Hafteinlage

liability for damages Schadenersatzpflicht

liability for taxation Steuerpflicht

liability insurance Haftpflichtversicherung

liability on bills of exchange Wechselobligo

liable, to be ~ haften

licence (GB); license (US) Lizenz

licence contract Lizenzvertrag

licence fee Lizenzgebühr

lien Belastung von dinglichen Rechten oder Sachen; Pfandrecht

life cycle cost Lebenszykluskosten

life insurance Lebensversicherung

limitation of drawing powers Verfügungsbeschränkung

limitation of liability Haftungsbeschränkung

limited liability company Gesellschaft mit beschränkter Haftung (GmbH)

limited partner beschränkt haftender Gesellschafter; Kommanditist

limited partnership Kommanditgesellschaft (KG)

limited tax liability beschränkte Steuerpflicht

line of business Geschäftszweig

line of credit Kreditlinie

liquid liquid; zahlungsfähig

L

159

liquid assets Barvermögen; liquide Mittel

liquidation Abwicklung; Auflösung; Liquidation

liquidation balance sheet Liquidationsbilanz

liquidation costs Abwicklungskosten

liquidation loss Liquidationsverlust

liquidation surplus Liquidationsgewinn

liquidator Liquidator

liquidity Liquidität

liquidity ratio Liquiditätskennzahl

liquidity risk Liquiditätsrisiko

liquidity-related expenses liquiditätswirksame Aufwendungen

list of current receivables totals Saldenliste der Forderungen

list of holdings Anteilsliste

list of references Quellenangaben

listed börsennotiert; aufgelistet; verzeichnet

listed shares an der Börse notierte Aktien

listing Börsennotierung

litigate, to ~ prozessieren

litigation Gerichtsprozess; Rechtsstreit

litigation risk Prozessrisiko

loan Ausleihung; Darlehen; Kredit

loan application Kreditantrag

loan debtor Anleiheschuldner

loan discount Disagio

loan interest Anleihezinsen

loan issue Anleihenemission

loan rate Ausleihungssatz

loan redemption Anleihentilgung

loan terms Anleihebedingungen

loans and receivables Kredite und Forderungen

loans payable Darlehensverbindlichkeiten

loans receivable Darlehensforderungen

loans to affiliated companies Ausleihungen an verbundene Unternehmen

Lombard loan Lombardkredit

long-term langfristig

long-term care insurance Pflegeversicherung

long-term debts langfristige Verbindlichkeiten

long-term financial investment langfristige Finanzinvestition

long-term liability langfristige Schuld

long-term planning langfristige Planung

long-term receivables langfristige Forderungen

long-term securities Wertpapiere des Anlagevermögens

loophole Gesetzeslücke

loss Schaden; Verlust

loss absorption Verlustausgleich

loss adjustment expenses Schadenregulierungskosten

loss allocation/attribution Verlustzuweisung

L

loss carried forward Verlustvortrag

loss compensation Verlustausgleich

loss from currency translation Verluste aus Währungsumrechnung

loss of asset value/capital Substanzverzehr

loss of value Wertverlust

loss rate Ausfallquote

loss relating to prior years Verlust auf die Vorjahre bezogen

losses absorbed from affiliates Aufwendungen aus Verlustübernahme von Beteiligten

losses attributable to minority interest Verlust auf konzernfremde Gesellschafter entfallend

losses on the disposal of ... Verluste aus dem Abgang von ...

lost profit entgangener Gewinn

lower of cost or market principle Niederstwertprinzip

lower of cost or net realisable value niedrigerer Nettoveräußerungswert

lower tax court Finanzgericht

low-value items/assets geringwertige Wirtschaftsgüter

lump sum Pauschalbetrag

lump-sum taxation Pauschalbesteuerung

L

M

machine hourly rate Maschinen-stundensatz

machinery and equipment Be-triebsanlagen; -ausstattung

macro hedge globaler interner Sicherungszusammenhang (➔)

maintenance Unterhalt

maintenance contract Wartungs-vertrag

maintenance expenses/costs Un-terhaltungskosten

majority Mehrheit

majority held enterprise mit Mehrheit beteiligtes Unternehmen

majority holding Mehrheitsbeteili-gung

majority of votes Stimmenmehr-heit

make Fabrikat; Ausführung; Marke

make-to-order manufacturing Auftragsfertigung

make-ready costs Rüstkosten

management Geschäftsleitung; Leitung; Führung

management board Vorstand; Geschäftsführung

management body Geschäftsfüh-rungsorgan

management by concepts Mana-gement-by-Konzepte

management consultant Unter-nehmensberater

management report Lagebericht

management tool Steuerungsin-strument

mandate Mandat

mandates in other statutory supervisory boards of companies Mandate in anderen gesetzlich zu bildenden Aufsichtsräten

mandatory provisions zwingende Bestimmungen

manual Handbuch; Leitfaden

manual posting manuelle Buchung

manufacture, to ~ produzieren

manufacturer's liability Produkt-haftung

manufacturing Fertigung

manufacturing costs Fertigungs-kosten

manufacturing overheads Fer-tigungsgemeinkosten

margin Handelsspanne; Ge-winnspanne

margin income Margeneinkom-men

marginal borrowing costs Grenz-fremdkapitalzinssatz

marginal costing Grenzkosten-rechnung; Deckungsbei-tragsrechnung

marginal costs Grenzkosten

marginal part-time employees geringfügig Beschäftigte

mark to market Bewertung zu aktuellen Marktpreisen

marked-to-market Marktwertprinzip

market Markt

market capitalisation Marktkapitalisierung

market price Marktpreis; Börsenkurs

market quota Absatzkontingent

market risk Marktrisiko

market value Marktwert; Tageswert

marketable veräußerbar

marketable securities Wertpapiere des Umlaufvermögens

master netting arrangement Globalverrechnungsvertrag

matching of costs with revenues Zuordnung von Aufwendungen und Erträgen

material wesentlich; erheblich

material costing Materialkostenermittlung

materiality Wesentlichkeit

matured liability fällige Schuld

matured note fälliger Wechsel

maturity Fälligkeit

maturity date Fälligkeitstermin

means Mittel

means of financing Finanzierungsmittel

measure at fair value zum beizulegenden Zeitwert bewerten

measurement Bewertung

measurement at fair value Bewertung zum beizulegenden Zeitwert

measurement date Bewertungszeitpunkt

measurement option Bewertungsfreiheit

medical insurance Krankenversicherung

meeting Sitzung; Versammlung

member Mitglied

member of the board Vorstandsmitglied

member of the executive body Organmitglied

membership Mitgliedschaft

memorandum (memo) Aktennotiz; Kurzmitteilung

merger Fusion; Zusammenschluss; Verschmelzung

merger surplus Verschmelzungsmehrwert

method Verfahren

method of consolidation Konsolidierungsmethode

method of income determination Gewinnermittlungsart

micro hedge Sicherungsgeschäft auf niedrigster Aggregationsstufe (→)

middle management mittlere Führungsebene

mineral right/mining right Abbaurecht

minimum lease payments Mindestleasingzahlungen

minor geringfügig; unwesentlich

minority interest Anteile anderer Gesellschafter

M

163

minority interest; profit or loss attributable to minority interest auf Minderheiten entfallende Ergebnisanteile

minority of votes Stimmenminderheit

minority shareholder Minderheitsaktionär; Minderheitsgesellschafter

minutes Protokoll

minutes of a meeting Besprechungsprotokoll

miscellaneous information sonstige Angaben

modification Abänderung; Modifizierung; Änderung

monetary items monetäre Posten

monetary policy Geldpolitik

monetary transactions Zahlungsverkehr

money Geld

money market Geldmarkt

monitor, to ~ überwachen

monthly salary Monatsgehalt

mortality chart Richttafel

mortgage Hypothek

M

mortgage bond Hypothekenpfandbrief

mortgage debt Hypothekenschuld

mortgage lien Hypothekenpfandrecht

mortgage note Schuldbrief

mortgage, to ~ dinglich verpfänden; eine Hypothek aufnehmen

motion Antrag (bei einer Sitzung)

motor vehicle tax Kraftfahrzeugsteuer

movable assets bewegliches Vermögen

moving expense Umzugskosten

multiple voting rights Mehrstimmrecht

multi-year earnings summary zusammengefasste Erfolgsrechnung für mehrere Jahre

municipal trade tax Gewerbesteuer

municipal trade tax levy rate Gewerbesteuerhebesatz

municipal trade tax rate Gewerbesteuersatz

must be capitalised Aktivierungspflicht

N

nature of expense method Gesamtkostenverfahren

negative market values from derivatives negative Marktwerte aus Derivaten

negligent fahrlässig

negotiable begebbar (*börsenfähig*)

negotiate, to ~ aushandeln

net netto

net accumulated losses Bilanzverlust

net amount Nettobetrag

net asset value Substanzwert; Inventarwert; Liquidationswert

net assets Reinvermögen

net assets and financial position Vermögens- und Finanzlage

net book value Nettobuchwert; Restbuchwert

net cash used in financing activities Abfluss aus Finanzierungstätigkeiten

net commission income Provisionsergebnis

net earnings Nettoverdienst; Nettoeinnahmen; Reinertrag

net equity Reinvermögen

net income Nettoeinkommen; Reingewinn

net income after taxes Gewinn nach Steuerabzug

net income determination Gewinnermittlung

net income for the year Jahresüberschuss

net investment in a foreign operation Nettoinvestition in einen ausländischen Bereich

net loss Nettoverlust; Reinverlust

net loss for the period Jahresfehlbetrag

net proceeds Reinertrag

net profit Nettogewinn; Reingewinn

net profit for the period Jahresüberschuss

net profit/loss Ergebnis; Nettoergebnis

net realisable value Nettoveräußerungswert

net result Nettoergebnis

net retained profits Bilanzgewinn

net sales Nettoumsatz

net unrealised gains unausgewiesene Erträge

net worth Reinvermögen; Eigenkapital

net worth tax Vermögenssteuer

net yield Reinertrag

net, to ~ saldieren

netting Saldierung

neutrality Neutralität

neutrality of treatment Gleichbehandlung

new business Neugeschäft

newly issued shares junge Aktien

no par value sheet Quotenpapier

nominal amount Nennbetrag; Nominalbetrag

nominal capital Nennkapital

nominal value Nominalwert

non-cash nicht zahlungswirksam

non-cash contribution Sacheinlage

non-cash expenses nicht zahlungswirksame Aufwendungen

non-competition clause Wettbewerbsverbot

non-compliance Nichtbeachtung

non-controllable costs nicht kontrollierbare Kosten

non-current assets Anlagevermögen; langfristige Vermögenswerte

non-current assets as held for sale langfristige Vermögensgegenstände zum Verkauf gehalten

non-current expenditure langfristige Aufwendungen

non-current liabilities langfristige Verbindlichkeiten

non-current revenue langfristige Erträge

non-deductible nicht abzugsfähig

non-deductible expenses nicht abzugsfähige Ausgaben

non-interest bearing unverzinslich

non-interest bearing securities unverzinsliche Wertpapiere

non-operating expenses neutraler Aufwand; betriebsfremder Aufwand

non-operating income neutraler Ertrag; betriebsfremder Ertrag

non-operating result neutrales Ergebnis

non-payment Nichtzahlung

non-periodic aperiodisch

non-profit gemeinnützig

non-profit institution gemeinnützige Organisation

non-recourse financing Forfaitierung

nonrecurring einmalig; nicht wiederkehrend

non-resident taxpayer Steuerausländer

non-tariff außertariflich

non-tariff employee außertariflicher Angestellter

no-par share nennwertlose Aktie

normal costing Normalkostenrechnung

normal depreciation planmäßige Abschreibung

not relating to the period periodenfremd

not saleable unverkäuflich

not to be recognised as an asset Aktivierungsverbot

note Anmerkung; Notiz; Wechsel

notes on group assets Angaben zu den Konzernaktiva

notes payable Wechselverbindlichkeiten

N

notes to the financial statements Anhang zum Jahresabschluss

notice Kündigung; Hinweis; Mitteilung

notice of termination schriftliche Kündigung

notice period Kündigungsfrist

notification requirement Meldepflicht

notify, to ~ benachrichtigen

notional amount Nominalwert

null and void nichtig; ungültig

number Anzahl; Nummer; Zahl

number of pieces Stückzahl

number of shares Anzahl der Aktien

N

O

oath of disclosure Offenbarungseid

object of lease Leasinggegenstand

objection Einwendung

objective Zielsetzung

obligating event verpflichtendes Ereignis

obligation Verpflichtung; Auflage; Pflicht

obligation to report Meldepflicht

occupational pension scheme betriebliche Altersversorgung

of which davon

offer Angebot; Offerte; Briefkurs

offerer Anbieter

office Büro

office furniture and equipment Büroeinrichtung

office manager Geschäftsstellenleiter; Büroleiter

office supplies Bürobedarf; Büromaterial

official market amtlicher Markt

official quotation amtliche Kursnotierung

offset, to ~ saldieren; aufrechnen; verrechnen; gegenrechnen

offsetting Saldierung von Posten; Verrechnung

old-age allowance Altersfreibetrag

old-age insurance Rentenversicherung

old-age pension Rente

old-age provision Altersversorgung

on a straight-line basis linear

one-off einmalig

one-off expense einmalige Aufwendung

onerous contract belastender Vertrag

ongoing laufend; permanent; anhaltend

on-the-job training Ausbildung am Arbeitsplatz

open cheque Barscheck

open credit Kontokorrentkredit

open items offen stehende Beträge

open market offener Markt

opening Eröffnung

opening balance Saldovortrag am Jahresanfang; Anfangsbestand

opening balance sheet Eröffnungsbilanz

opening entry Eröffnungsbuchung

opening inventory Warenanfangsbestand

opening of bankruptcy proceedings Konkurseröffnung

operating and office equipment Betriebs- und Geschäftsausstattung

operating assets Betriebsvermögen

operating costs Betriebskosten

operating cycle Arbeitsablauf

operating expenses Betriebsausgaben

operating income betriebliche Erträge; Betriebsgewinn

operating result Betriebsergebnis

operation Arbeitsvorgang; Betrieb; Unternehmen

operational betrieblich

operational/operative risk betriebliches Risiko

opportunity costs Opportunitätskosten

option Optionsrecht

option loan Optionsanleihe

option to capitalise Aktivierungswahlrecht

optional bond Optionsanleihe

optionally accountable liability Passivierungswahlrecht

order Auftrag; Bestellung; Anweisung; Befehl

order acknowledgement Auftragsbestätigung

order backlog Auftragsbestand

order confirmation Auftragsbestätigung

order of attachment Pfändungsbeschluss

order processing costs Bestellabwicklungskosten

order to foreclose Pfändungsbeschluss

orders received Auftragseingang

ordinary no-par-value bearer shares auf den Inhaber lautende Stammstückaktien

ordinary share Stammaktie

original originär; original; ursprünglich

original cost ursprüngliche Anschaffungskosten

original loans and receivables originäre Darlehen und Forderungen

orphan's benefit Waisenrente

OTC business (over the counter) Schaltergeschäft

OTC trade außerbörslicher Effektenhandel

other accounts payable sonstige Verbindlichkeiten

other accounts receivable sonstige Forderungen

other accruals sonstige Rückstellungen

other deductions sonstige Abzüge

other expenses sonstige Aufwendungen

other financial assets andere Finanzanlagen

other income sonstige Erträge

other interest and similar income sonstige Zinsen und ähnliche Erträge

other internal costs capitalised sonstige aktivierte Eigenleistungen

other investments sonstige Kapitalanlagen

other loans sonstige Ausleihungen; sonstige Darlehen

other operating expenses sonstige betriebliche Aufwendungen

O

other operating income sonstige betriebliche Erträge

other taxes sonstige Steuern

outlook Ausblick; Prognose; Prognosebericht

out-of-court settlement außergerichtlicher Vergleich

out-of-pocket expenses Barauslagen

output-related costs leistungsabhängige Kosten

outstanding im Umlauf befindlich; offen; unerledigt; unbezahlt; überragend

outstanding debts Schulden; Außenstände

outward reinsurance business passives Rückversicherungsgeschäft

overall risk Gesamtrisiko

overdraft Überziehung; Kontokorrentkredit

overdraft facility/loan Überziehungskredit; Überziehungsrahmen

overdue überfällig

overdue receivables überfällige Forderungen

overhead calculation Zuschlagskalkulation

overhead cost analysis Gemeinkostenwertanalyse (GWA)

overhead expenses Gemeinkosten

overhead expenses absorbed verrechnete Gemeinkosten

overhead rate Gemeinkostensatz

overhead variance Gemeinkostenabweichung

overheads Gemeinkosten

over-indebtedness Überschuldung

over-the-counter business Schaltergeschäft

over-the-counter trade außerbörslicher Effektenhandel

overtime Überstunden

overvalued überwertet

own costs capitalised aktivierte Eigenleistungen

own funds eigene Mittel

own work Eigenleistungen

owner Besitzer; Eigentümer; Inhaber

owner-occupied property vom Eigentümer selbstgenutzte Immobilien

ownership Besitz; Eigentum

O

P

paid-in capital einbezahltes Kapital

paid-in capital stock Stammeinlage

paid-in share capital eingezahltes Grundkapital

paid-in surplus Kapitalrückführung

par Nennbetrag

par value Nennwert; Nominalwert

par value of a share Nennwert einer Aktie

parent company Mutterunternehmen; Konzernobergesellschaft

parity Parität

parol agreement mündlicher Vertrag

part payment Teilzahlung

partial amount Teilbetrag

partial payment Abschlagszahlung

partial write-down of assets Teilwertberichtigung von Anlagegütern

participating preference share rückkaufbare Vorzugsaktie

participating share dividendenberechtigte Aktie

participation Beteiligung; Anteil; Mitwirkung; Teilnahme

participation certificate Genussschein

partner Teilhaber; Gesellschafter einer Personengesellschaft

partners' meeting Gesellschafterversammlung (Personengesellschaft)

partnership Personengesellschaft

partnership agreement Teilhabervertrag

partnership capital Gesellschaftskapital

partnership company Personengesellschaft

past service cost nachzuverrechnender Dienstzeitaufwand

patent application Patenteinreichung

patent expiry Ablauf des Patentschutzes

patent fees Patentgebühr

patent infringement Patentverletzung

patent right Patentrecht

pattern Muster

pay Entlohnung; Bezahlung

pay rate per hour Stundenlohnsatz

pay scale group Tarifgruppe

pay, to ~ back zurückzahlen

pay, to ~ in einzahlen

pay, to ~ taxes on versteuern

payable fällig; zahlbar

payable at sight zahlbar bei Sicht

pay-as-you-earn (PAYE) Lohnsteuer

pay-as-you-go system Umlageverfahren

payee Zahlungsempfänger

payment Zahlung; Vergütung

payment extension Zahlungsaufschub

payment in arrears rückständige Zahlung

payment in kind Naturalleistung

payment of finance lease liabilities Zahlungen aus Finanzierungsleasing

payment on account Vorauszahlung; geleistete Anzahlung

payment on account for intangible assets and property plant and equipment geleistete Anzahlung auf immaterielle Vermögenswerte und Sachanlagen (IAS)

payment on account for intangible assets and tangible fixed assets geleistete Anzahlung auf immaterielle Vermögenswerte und Sachanlagen (HGB)

payment on account for property, plant and equipment and assets under construction geleistete Anzahlung auf Sachanlagen und Anlagen im Bau

payment on demand Zahlung nach Aufforderung

payment terms Zahlungsbedingungen

payments for intangible assets and property, plant and equipment Auszahlungen für Investitionen in immaterielle Vermögenswerte und Sachanlagen

payments received Zahlungseingang

payments to acquire intangible assets and property, plant and equipment Investitionen in immaterielle Vermögenswerte und Sachanlagen

payments to company owners and minority shareholders Auszahlungen an Unternehmenseigner und Minderheitsgesellschafter

payments to suppliers Auszahlungen an Lieferanten

payout ratio Auszahlungskurs

payroll accounting Lohn- und Gehaltsabrechnung

payroll deduction Lohn- und Gehaltsabzug (*für Steuer, Versicherung, usw.*)

pecuniary advantage geldwerter Vorteil

penal code Strafgesetzbuch

penalty Geldstrafe; Verzugsstrafe

penalty for non-fulfilment of contract Konventionalstrafe

pending contract/transaction schwebendes Geschäft

pension Rente

pension adjustment Rentenanpassung

pension assets Pensionsvermögen

pension entitlement Versorgungsanwartschaft

pension fund Pensionskasse

pension fund sustainability law Rentenversicherungsnachhaltigkeitsgesetz

pension insurance Pensionsversicherung

pension liability Pensionsverpflichtung

pension payment Pensionszahlung

pension plan Pensionsplan

pension provision Pensionsrückstellung

pension provisions recognised in the balance sheet bilanzierte Pensionsrückstellung

pension reserve Rückstellung für Pensionsverpflichtungen

pension shortfall Rentenlücke

per capita pro Kopf

per diem allowance Aufwandsentschädigung; Tagesspesensatz

per diem rate Tagessatz

percentage Prozentsatz

percentage of completion method Gewinnrealisierung nach Fertigstellungsgrad

percentage of share capital Anteil am Grundkapital

performance Leistung; Ausführung

performance rating Leistungsbeurteilung

performance-linked leistungsbezogen

performance-related risk leistungswirtschaftliches Risiko

period of liquidation Abwicklungszeitraum

permission Genehmigung; Zulassung

perpetual inventory taking permanente Inventur

personal assets Privatvermögen

personal property persönliches Eigentum

personally liable partner persönlich haftender Gesellschafter

personnel Personal

personnel committee Personalausschuss

personnel costs Personalaufwand

personnel department Personalabteilung

personnel expenses Personalaufwand

personnel file Personalakte

phantom share virtuelle Aktie

physical inventory count/taking Inventur durch körperliche Bestandsaufnahme

piece Stück

place of business Geschäftssitz

placement Platzierung; Vermittlung; Praktikum

placing Platzierung

plan Plan

plant Betrieb; Werk

plant and equipment Betriebseinrichtung

plant closure Betriebsstilllegung

plant manager Betriebsleiter

plant shutdown Betriebsstilllegung

plants under construction Anlagen im Bau

plea Einspruch; Einwand; Klageentgegnung

pledge Pfand; Verpfändung; Belastung von dinglichen Rechten oder Sachen

pledge, to ~ verpfänden

pledging and assigning of accounts receivable Verpfändung und Abtretung von Forderungen

P

173

policyholder Versicherungsnehmer

portfolio Bestand; Wertpapierbestand

portfolio concept Portfoliokonzept

portfolio of products and services Produkt- und Dienstleistungsangebot

portfolio of services Dienstleistungsangebot

positioning Platzierung

possession Besitz

post, to ~ buchen

postal cheque account Postscheckkonto

postal savings account Postsparkonto

posted gebucht

post-employment benefits Leistungen nach Beendigung des Arbeitsverhältnisses

posting Buchung; Verbuchen

power of attorney Handlungsvollmacht; Bevollmächtigung

power of disposal over an asset Verfügungsgewalt über einen Vermögenswert

predetermined cost vorkalkulierte Kosten

pre-emptive right Vorkaufsrecht; Bezugsrecht

preference share, preferred share Vorzugsaktie

preliminary audit Zwischenprüfung

preliminary balance sheet vorläufige Bilanz

preliminary costing Vorkalkulation

premium Beitrag; Bonus; Aufgeld; Agio

premium refund Beitragsrückerstattung

prepaid expenses Rechnungsabgrenzungsposten (transitorisches Aktivum); vorausbezahlte Kosten

prepaid expenses and deferred income Rechnungsabgrenzungsposten

prepaid insurance premiums vorausbezahlte Versicherungsbeiträge

preparation Aufstellung; Erstellung; Vorbereitung

prepayment Anzahlung; Vorauszahlung; geleistete Anzahlungen

prepayment of borrowings Auszahlungen aus Darlehen

present value Barwert; Zeitwert; Gegenstandswert

present value method Barwertmethode

present value of a current annuity Gegenwartswert einer laufenden Rente

present value of a defined benefit obligation Barwert einer leistungsorientierten Verpflichtung

present value of a future annuity Barwert einer zukünftigen Rente

present value of an annuity Rentenbarwert

present value of obligations Barwert dotierter Verpflichtungen

presentation currency Darstellungswährung

P

174

presentation of financial statements Darstellung des Abschlusses

preservation of assets/capital Substanzerhaltung

pre-tax profit Gewinn vor Ertragsteuern; Vorsteuergewinn

previous year Vorjahr

price cut-back Preisrückgang

price deduction Preisermäßigung

price drop Preissturz

price fixing Preisbindung; Preisabsprache; Preisfestlegung

price increase Preiserhöhung

price level Preisniveau

price maintenance Preisbindung

price quotation Preisnotierung

price reduction Preisnachlass

price risk Preisrisiko; Kursrisiko

price variance/price variation Preisabweichung

primary financial instruments originäre Finanzinstrumente

prime supplier Hauptlieferant

principal amount Nennbetrag

principal and interest Kapital und Zinsen

principle of fair dealing nach Treu und Glauben

principle of prudence Imparitätsprinzip

principles Grundlagen

principles of consolidation Konsolidierungsgrundsätze

principles of group accounting Grundlagen der Konzernrechnungslegung

prior period errors Fehler aus vorherigen Perioden

prior years' charge Verlust, auf die Vorjahre bezogen

private law Privatrecht

pro forma invoice Proformarechnung

pro rata net assets anteiliges Reinvermögen netto

probable wahrscheinlich

probable future benefit künftiger wirtschaftlicher Nutzen

procedure Verfahren; Ablauf; Vorgehen

proceeds Einnahmen; Erlös

proceeds from borrowings Einzahlungen aus Darlehen

proceeds from issue of shares Einzahlungen aus der Ausgabe von Anteilen

proceeds from sale of property, plant and equipment Einzahlungen aus dem Verkauf von Vermögensgegenständen

proceeds from the disposal of financial investments Einzahlungen aus Abgängen von Finanzanlagen

proceeds from the disposal of intangible assets and property, plant and equipment Einzahlungen aus Abgängen von immateriellen Vermögenswerten und Sachanlagen

proceeds from the sale of investments held on account and at risk of life insurance policyholders Einzahlungen aus dem Verkauf von Kapitalanlagen des Anlagestocks

P

175

proceeds from transfer to equity Einzahlungen aus Eigenkapitalzuführungen

processing Abwicklung; Verarbeitung; Bearbeitung

procurement Beschaffung; Einkauf

produce, to ~ produzieren

product costing analysis Nachkalkulation

production Fertigung

production cost centre Fertigungskostenstelle

production costs Fertigungskosten

production facility Produktionsanlage

production order Fertigungsauftrag

production plant Produktionsanlage

production scheduling Fertigungsplanung

productivity Produktivität

profile Kurzporträt; Profil

profit Gewinn; Überschuss

profit & loss account/statement Gewinn- und Verlustrechnung

profit and loss transfer agreement Gewinnabführungsvertrag

profit before tax Ergebnis der gewöhnlichen Geschäftstätigkeit; Gewinn vor Ertragsteuern

profit distribution Gewinnausschüttung; Gewinnverteilung

profit from operations Ergebnis der betrieblichen Geschäftstätigkeit

profit make-up Gewinnaufschlag

profit margin Gewinnaufschlag; Gewinnspanne

profit participation Gewinnbeteiligung; Überschussbeteiligung

profit realisation Gewinnrealisierung

profit share Gewinnanteil

profit sharing Gewinnbeteiligung

profit shifting Gewinnverlagerung

profit/loss attributable to minority interest auf Minderheiten entfallende Ergebnisanteile

profit/loss carried forward Ergebnisvortrag

profit/loss for the period before tax Jahresergebnis vor Ertragsteuern

profit/loss transfer Ergebnisabführung

profit/loss transfer agreement Ergebnisabführungsvertrag

profitability Rentabilität; Wirtschaftlichkeit

profitable wirtschaftlich; rentabel; gewinnbringend

profit-related gewinnabhängig

profit-sharing payment Tantieme

progressive tax progressive Steuer

progressive total Staffelsumme

prohibition on recognition Passivierungsverbot

promissory note Schuldwechsel

proof Beweis; Nachweis

property damage Vermögensschaden

property ledger Anlagenbuch

property right Eigentumsrecht

property tax Vermögenssteuer

property, plant and equipment Sachanlagen

proportion Anteil; Quote; Verhältnis

proportional tax proportionale Steuer

proportionate consolidation Quotenkonsolidierung

proposal on appropriation of retained earning Gewinnverwendungsvorschlag

proprietary right Schutzrecht

proprietor Inhaber; Eigentümer

prospective application prospektive Anwendung

prospectus Prospekt

protective clause Schutzklausel

provision Rückstellung; Vorsorge; Bereitstellung; Bestimmung

provision for accruals Zuführung zu Rückstellungen

provisions for income taxes Rückstellung für Ertragsteuern

provisions for insurance claims not yet settled Rückstellung für noch nicht abgewickelte Versicherungsfälle

provisions for internal expenses Aufwandsrückstellungen

provisions for pensions and similar obligations Rückstellung für Pensionen und ähnliche Verpflichtungen

provisions for premium refunds Rückstellung für Beitragsrückerstattung

provisions for taxes Steuerrückstellungen

prudence Vorsichtsprinzip; Vorsicht

public authorities öffentliche Hand

public law öffentliches Recht

public levy öffentliche Abgabe

public liability insurance Betriebshaftpflichtversicherung

public limited company (plc) Aktiengesellschaft

public utility Versorgungsbetrieb

publication Veröffentlichung

publish, to ~ veröffentlichen

publisher Herausgeber

purchase Kauf; Anschaffung; Erwerb

purchase accounting Erwerbsmethode

purchase commitment Abnahmeverpflichtung; Bestellobligo

purchase cost method Anschaffungskostenprinzip

purchase of intangible assets Kauf von immateriellen Vermögensgegenständen

purchase of intangible assets and tangible fixed assets Investitionen in immat. Vermögenswerte und Sachanlagen

purchase of investment property Kauf von Finanzanlagevermögen

purchase of investments Auszahlungen für den Erwerb von Kapitalanlagen

purchase of other financial assets Kauf anderen Finanzvermögens

purchase of subsidiaries Erwerb von Tochterunternehmen

P

purchase on credit Zielkauf

purchase order Bestellung; Kaufauftrag

purchasing Beschaffung; Einkauf

purchasing power Kaufkraft

put option Andienungsrecht; Verkaufsoption

Q

quality Qualität

quality consulting Beratungsqualität

quantity Menge; Stückzahl

quantity discount Mengenrabatt

quick ratio Liquidität zweiten Grades

quota Quote; Anteil

quotable börsenfähig

quotable share börsenfähige Aktie

quotation Angebot; Kalkulation; Börsennotierung; Quotierung

quote Kurs; Angebot

quote, to ~ Preisangebot machen

quoted börsennotiert; angegeben; zitiert

quoted share notierte Aktie

Q

R

R&D controlling F+E Controlling

ranking Rangfolge

rate Kurs; Satz; Quote

rates Grundsteuer (GB); Raten; Gebühren

rating Bewertung; Krediteinschätzung

ratio Kennzahl; Verhältnis

raw material Rohstoff

raw materials and supplies Roh-, Hilfs- und Betriebsstoffe

real estate Land, Grundstück und Gebäude; Immobilien

real estate levies Grundbesitzabgaben

real estate transfer tax Grunderwerbssteuer

realisable realisierbar

realisable value Veräußerungswert

realise, to ~ realisieren; umsetzen

realised capital gains/losses Gewinn/Verlust aus dem Abgang von Finanzanlagen

realised profit realisierter Gewinn

reappraisal Neubewertung

reasonable price angemessener Preis

reassessment Neubewertung; Neuveranlagung

rebate Preisnachlass; Rabatt

receipt Quittung; Beleg; Empfang

receipt from customers Einzahlungen von Kunden

receipt of government grants erhaltene staatliche Beihilfen

receivables Außenstände; Debitoren; Forderungen

receivables from customers Forderungen an Kunden

receivables from financial institutions Forderungen an Kreditinstitute

receiver Konkursverwalter

receivership Konkursverwaltung

reclassification Umgliederung; Umgruppierung

recognise anerkennen; erkennen

recognise, to ~ as liabilities passivieren

recognise, to ~ provisions Rückstellung bilden

recognise, to ~ reserves Rücklagen bilden

recognise, to ~ valuation adjustments/allowances Wertberichtigungen bilden

recognise, to ~ writedowns/impairment losses Wertberichtigungen bilden

recognise/establish/set up provisions Rückstellungen bilden

recognition Ansatz; Erkennung

recognition and measurement
Ansatz und Bewertung

recognition criterion Ansatzkriterium

recognition of assets Aktivierungsfähigkeit

recognition option (for liabilities/provisions) Passivierungsmöglichkeit

reconcile, to ~ accounts abstimmen von Konten

reconciliation Abstimmung (von Zahlen); Überleitungsrechnung

reconciliation of an account Kontoabstimmung

reconciling item Abstimmungsposten; Differenzposten

record Akte; Aufzeichnung; Beleg; Datensatz

record retention requirements Aufbewahrungspflicht

record, to ~ eintragen

recourse Regress

recourse claims Regressansprüche

recoverable amount erzielbarer Betrag

redeemable einlösbar

redemption Ablösung (einer Schuld); Einlösung; Tilgung

redemption quote Rückkaufskurs

redemption value Rückkaufswert

rediscount Rediskont

rediscount credit Rediskontkredit

rediscount rate Rediskontsatz

reduced tax rate ermäßigter Steuersatz

reduction Abnahme; Reduzierung; Herabsetzung; Minderung

reduction in profit Mindergewinn

redundancy plan Sozialplan

refinance, to ~ umschulden

refinancing Refinanzierung

refund Rückerstattung

refund, to ~ zurückzahlen

registered association eingetragener Verein (e.V.)

registered bond eingetragene Obligation

registered capital Nennkapital

registered office Firmensitz

registered trade mark eingetragenes Warenzeichen

registration (in the trade register) Eintragung (ins Handelsregister)

regrouping Umgliederung

regulation Richtlinie

reimbursement Rückvergütung

reinsurance Rückdeckung; Rückversicherung

reinsurance assets rückversicherter Vermögenswert

reinsurance commission Rückversicherungsprovision

reinsurance contract Rückversicherungsvertrag

reinsurance premium Rückversicherungsbeitrag

reinsurance share Rückversicherungsanteil

reinsurer Rückversicherer

reinvestment Reinvestition

reject, to ~ zurückweisen; ablehnen; verwerfen

R

related party nahe stehende Unternehmen und Personen

related party disclosures Angaben über Beziehungen zu nahe stehenden Unternehmen und Personen

related party transaction Geschäftsvorfälle mit nahe stehenden Unternehmen und Personen

relating to other periods periodenfremd

release Auflösung; Freigabe

release of funds Freigabe von Mitteln

release of reserves Auflösung von Reserven

release of the consolidated financial statements Freigabe des Konzernabschlusses

release, to ~ a reserve Rücklage auflösen

relevance Bedeutung; Relevanz

reliability Verlässlichkeit

remaining balance Restbetrag

remaining other liabilities sonstige übrige Verbindlichkeiten

remaining term Restlaufzeit

remark Anmerkung

reminder Mahnbrief

remittance Überweisung

remnants Restposten

remove, to ~ entfernen; entnehmen

remove, to ~ from office aus dem Dienst entlassen

remove, to ~ from stock auslagern

remuneration Bezüge; Vergütung; Entlohnung

remuneration in cash Barbezüge

remuneration in kind Sachbezüge

remuneration of the supervisory board Aufsichtsratvergütungen

remuneration of the Supervisory Board and Executive Board Bezüge von Aufsichtsrat und Vorstand

rendering of accounts Rechnungslegung

renewed bill prolongierter Wechsel

rent Miete

rent, to ~ mieten

rent, to ~ out vermieten

rental expense Mietaufwand

rental income Mietertrag

renting Vermietung; Mieten

reorganisation Umgestaltung; Umstrukturierung; Neuregelung

reorganise, to ~ umwandeln

repaid zurückgezahlt

repair and maintenance costs Instandhaltungskosten

repairs and maintenance Instandhaltung und Reparaturen

repayable amount Rückzahlungsbetrag

repayment Rückzahlung; Tilgung; Ablösung (einer Schuld)

repayment period Rückzahlungszeitraum

repayment terms Rückzahlungsbedingungen

replacement Wiederbeschaffung

replacement cost Wiederbeschaffungskosten

R

replacement method of depreciation Abschreibung auf Basis der Wiederbeschaffungskosten

replacement value Wiederbeschaffungswert

report Bericht

report by the supervisory board Bericht des Aufsichtsrats

reportable berichtspflichtig

reportable segment berichtspflichtiges Segment

reporting Berichtswesen; Berichterstattung; Rechnungslegung

reporting currency Berichtswährung

reporting date Berichtsdatum; Stichtag

reporting entity berichterstattendes Unternehmen

reporting period Berichtzeitraum

reposting Umbuchung

representative Vertreter; Stellvertreter

reproduction costs Reproduktionskosten

repurchase agreement Rückkaufsvereinbarung

request for extension of time Antrag auf Fristverlängerung

requirement to capitalise Aktivierungspflicht

requirements for the classification of accounts Gliederungsvorschriften

resale price calculation Handelswarenkalkulation

rescission Rücktritt vom Vertrag

research Forschung

research and development Forschung und Entwicklung

research and development costs Forschungs- und Entwicklungskosten

reserve Rückstellung; Rücklage

reserve for pending transactions Rückstellung für schwebende Geschäfte

reserve for severance pay Rückstellung für Entlassungsentschädigungen

reserve for treasury stock Rücklage für eigene Anteile

residual item Restposten

residual term Restlaufzeit

residual value Restwert

resignation Kündigung durch den Arbeitnehmer; Rücktritt

resolution Beschlussfassung

resolution on appropriation of retained earnings Gewinnverwendungsbeschluss

responsibility Verantwortlichkeit; Zuständigkeit; Kompetenz

restraint on encumbrance Verfügungsbeschränkung

restricted account Sperrkonto

restructure, to ~ umwandeln; neu strukturieren

restructure, to ~ debts umschulden

restructuring Restrukturierung; Umwandlung

restructuring expenses Aufwendungen aus Restrukturierungsmaßnahmen

result Ergebnis

R

result from ordinary activities Ergebnis der gewöhnlichen Geschäftstätigkeit

results of investments held at equity Erträge aus Beteiligungen

resumption Wiederaufnahme

retail price Wiederverkaufspreis

retail trade Einzelhandel

retained earnings Bilanzgewinn; Gewinnrücklagen; unverteilter Reingewinn

retained earnings brought forward Gewinnvortrag

retention Einbehalt

retention of title Eigentumsvorbehalt

retention periods Aufbewahrungsfristen

retired ausgeschieden; im Ruhestand

retired employee ausgeschiedener Mitarbeiter

retirement Ruhestand; Abgang; Ausbuchung; Stilllegung

retirement annuity Ruhegeld

retirement benefit plan Altersversorgungsplan

retirement benefits Altersversorgung und -unterstützung

retirement income Pension

retirement income law Alterseinkünftegesetz

retrospective rückwirkend

retrospective application rückwirkende Anwendung

retrospective restatement rückwirkende Anpassung

return on capital Kapitalrendite

return on equity Eigenkapitalrendite

return on investment Rendite; Kapitalverzinsung

revaluation Neubewertung; Umbewertung; Aufwertung

revaluation reserve Neubewertungsrücklage

revenue Erlös; Ertrag; Einnahmen

revenue code Steuergesetz

reversal Auflösung; Aufhebung; Umkehrung

reversal of accruals Auflösung von Rückstellungen

reversal of allowances and accruals Auflösung von Wertberichtigungen und Rückstellungen

reversal of reserves Auflösung von Reserven

reverse acquisition umgekehrter Unternehmenserwerb

reverse an entry stornieren

reverse swap Gegenswap

reverse, to ~ a decision Urteil aufheben

reverse, to ~ a provision Rückstellung auflösen

reverse, to ~ a reserve Rücklage auflösen

reverse, to ~ an accrual Rückstellung auflösen

reverse, to ~ an entry eine Buchung stornieren

reversing entry Stornobuchung

revocable contract jederzeit widerruflicher Auftrag

revocation Widerruf

right Recht

R

right of action Klagerecht

right of first refusal Vorkaufsrecht

right to file an action Klagerecht

rise, to ~ steigen

risk aggregation Risikoaggregation

risk management Risikomanagement

risk management policy Risikomanagementpolitik

risk of non-payment Ausfallrisiko

risks associated with a leased asset Risiken in Verbindung mit Leasinggegenständen

ROI (return on investment) Kapitalrendite

rollover note prolongierter Wechsel

rounded down abgerundet

rounded up aufgerundet

royalty Lizenzgebühr; Patentgebühr

running laufend; in Folge

R

S

safe custody account Depot

salaried employee Angestellter; Gehaltsempfänger

salary Gehalt

salary account Gehaltsabrechnung

salary development Gehaltsentwicklung

salary statement Gehaltsabrechnung

sale Veräußerung; Verkauf

sale of a business Betriebsveräußerung

sale of an equity interest Beteiligungsveräußerung

sale on approval Verkauf auf Probe

sale on credit Verkauf auf Ziel

saleable veräußerbar; verkäuflich

sales Absatz; Umsatz; Vertrieb

sales agent Handelsvertreter

sales branch Verkaufsniederlassung

sales channels Absatzwege

sales cost Absatzkosten

sales figures Absatzzahlen

sales fluctuations Absatzschwankungen

sales force Verkaufsaußendienst

sales forecast Absatzprognose

sales option Verkaufsoption

sales outlet Verkaufsstelle

sales price Abgabepreis

sales promotion Absatzförderung

sales representative Außendienstmitarbeiter

sales revenue Umsatzerlöse

sales subject to taxation steuerbarer Umsatz

sales tax Umsatzsteuer

salesman Verkäufer

salvage value Schrottwert

sample Muster; Stichprobe

sample, to ~ Stichproben machen

savings bank Sparkasse

savings deposit Spareinlage

schedule Ablaufplan; Terminplan; Zeitplan

scheduled depreciation/amortisation planmäßige Abschreibungen

scheduler Disponent; Planer

scope Anwendungsbereich; Geltungsbereich

scope of consolidation Konsolidierungskreis; Organkreis

scrap value Schrottwert

scrapping Verschrottung

scrip Interimsschein

SEC (Securities and Exchange Commission) US Wertpapieraufsichtsbehörde (→)

secret reserve stille Reserve

secured gesichert

securities Effekten; Wertpapiere; Sicherheiten

securities and exchange commission Börsenaufsichtsbehörde

securities classified as current assets Wertpapiere des Umlaufvermögens

securities dealer Börsenhändler

securities held for trading zu Handelszwecken gehaltene Wertpapiere

securities portfolio Depot

securitisation Verbriefung

security Kaution; Sicherheit

security transaction tax Wertpapiersteuer

segment assets Segmentvermögen

segment expenses Segmentaufwendungen

segment reporting Segmentberichterstattung

segment revenue Segmenterträge

seller Verkäufer

selling costs Vertriebskosten

semi-annually halbjährlich

semi-finished product Halbfabrikat (unfertiges Erzeugnis)

separability Abgrenzbarkeit

separate/single-entity financial statements Einzelabschlüsse

service Dienstleistung

service billing Abrechnung von Dienstleistungen

service costs Dienstzeitaufwand

service level Lieferbereitschaftsgrad

session Gerichtsverhandlung; Arbeitssitzung

set up, to ~ reserves Rücklagen bilden

set up, to ~provisions Rückstellung bilden

set, to ~ a due date valutieren

settled abgewickelt; entschieden; festgelegt

settlement Abrechnung; Abwicklung

settlement date Abrechnungstag; Erfüllungstag

settlement in court gerichtlicher Vergleich

settlement period Abwicklungszeitraum

settlement system Abrechnungsverfahren

settlement value Erfüllungsbetrag; Rückzahlungsbetrag

set-up costs Rüstkosten

severance payment Abfindung

share Aktie; Anteil; Beteiligung

share buyback programme Aktienrückkaufprogramm

share capital Aktienkapital; Grundkapital; Gesellschaftskapital; gezeichnetes Kapital

share capital paid-in einbezahltes Aktienkapital

share fraction Aktienspitzen

share index Aktienindex

share of costs anteilige Kosten

share of results attributable to minority shareholders Minderheitsbeteiligungen

share option Bezugsrecht

share option plan Aktienoptionsplan

share premium Aktienagio; Kapitalrücklage

share price Aktienkurs

share price performance Entwicklung der Aktie

share quotation Aktiennotierung

share quoted on the stock exchange an der Börse notierte Aktie

share subscription Zeichnung von Aktien

share/stake in a company Gesellschaftsanteil

share-based compensation aktienbasierte Entlohnungssysteme

shareholder Anteilseigner; Aktionär; Gesellschafter einer Kapitalgesellschaft

shareholder structure Aktionärsstruktur

shareholders' equity Eigenkapital

shareholders' loan Gesellschafterdarlehen

shareholders' meeting Gesellschafterversammlung (Kapitalgesellschaft)

shareholders' committee Gesellschafterausschuss

shareholding Anteilsbesitz; Beteiligung; Aktienbesitz

shareholding in a corporation Anteil an einer Kapitalgesellschaft

shares held by third parties Anteile in Fremdbesitz

shares in affiliated companies Anteile an verbundenen Unternehmen

shares in associated companies Anteile an assoziierten Unternehmen

shares issued to employees an die Belegschaft ausgegebene Aktien

short financial year Rumpfgeschäftsjahr

short seller Leerverkäufer

short time work Kurzarbeit

shortage Fehlbetrag; Fehlmenge; Engpass

short-life asset kurzfristig abnutzbares Wirtschaftsgut

short-term befristet; kurzfristig

short-term capital gains tax Spekulationssteuer

short-term credit/loan kurzfristiger Kredit

short-term liability kurzfristige Schuld

short-term planning kurzfristige Planung

short-term receivables kurzfristige Forderungen

showing a deficit Verlustausweis

shut down, to ~ stilllegen

sick pay Krankengeld

sign, to ~ unterschreiben

signature Unterschrift

significant influence maßgeblicher Einfluss

silent partner stiller Gesellschafter

silent partnership stille Beteiligung; stille Gesellschaft

similar expenses ähnliche Aufwendungen

similar rights ähnliche Rechte

S

simple entry einfacher Buchungssatz

single entity relationship for VAT purposes umsatzsteuerliches Organschaftsverhältnis

single entry bookkeeping einfache Buchführung

site Standort; Betrieb; Grundstück

sliding-scale price Staffelpreis

slump plötzlicher Rückgang

slump inprice Preissturz

social plan Sozialplan

social security benefits Sozialversicherungsleistungen

social security contributions Sozialversicherungsbeiträge

social security insurance Sozialversicherung

sole proprietorship Einzelunternehmen

solicitor Anwalt

solidarity surcharge Solidaritätszuschlag

solvency Zahlungsfähigkeit; Solvenz

solvency limit Solvabilitätsgrenze

solvent zahlungsfähig

source of funds Mittelherkunft

spare capacity freie Kapazität

special audit Sonderprüfung

special charge außerordentlicher Aufwand

special depreciation Sonderabschreibung

special direct costs Sondereinzelkosten

special dividend Sonderdividende

special expenses Sonderausgaben

special purpose balance sheet Sonderbilanz

special purpose reserve zweckgebundene Sonderrücklage

special tax Sondersteuer

special tax-allowable reserve Sonderposten mit Rücklagenanteil

specific valuation allowance Einzelwertberichtigung

specimen Muster

speculative gain/loss Spekulationsgewinn/-verlust

speculative security Spekulationspapier

speculative transaction Spekulationsgeschäft

split tax rate gespaltener Steuersatz

sponsoring project Förderungsprojekt

spot check Stichprobe

spread Handelsspanne

staff Personal; Belegschaft

standard Norm

standard chart of accounts vorgeschriebener Kontenrahmen

standard cost variance Standardkostenabweichung

standard costing Plankostenrechnung

standard costs Standardkosten

standard rate Normalsatz

start of term Laufzeitbeginn

start-up Ingangsetzung

S

start-up and business expansion expenses Aufwendungen für Ingangsetzung und Erweiterung des Geschäftsbetriebs

start-up expenses Anlaufkosten

state law öffentliches Recht

statement Aufstellung; Abrechnung; Aussage

statement of account Kontoauszug

statement of changes in assets Anlagespiegel

statement of changes in shareholders' equity Eigenkapitalspiegel

statement of operations Betriebsergebnisrechnung

stationery Bürobedarf; Büromaterial

statistical statistisch

statistics Statistik

statute Satzung

statute law Gesetzesrecht

statute-barred, to become ~ verjähren

statutory satzungsgemäß

statutory audit requirement gesetzliche Prüfungspflicht

statutory insurance limit Versicherungspflichtgrenze

statutory limitation period Verjährungsfrist

statutory report Gründungsbericht

statutory reserve satzungsgemäße Rücklage

steering committee Lenkungsausschuss

stipulate, to ~ festlegen; vereinbaren

stipulation Klausel; Festsetzung; Vereinbarung

stock Aktie

stock brokerage Aktienhandel

stock corporation Aktiengesellschaft

stock corporation act Aktiengesetz

stock exchange Börse

stock exchange dealings Börsengeschäfte

stock exchange price Börsenkurs

stock exchange supervisory authorities Börsenaufsichtsbehörde

stock holding cost Lagergebühren

stock market turnover Börsenumsatz

stock turnover Lagerumschlag

stock-broker Börsenhändler

stockholder Aktionär

stocks and bonds Wertpapiere

stocktaking Inventur durch körperliche Bestandsaufnahme

storage charges Lagergebühren

straight-line method of depreciation lineare Abschreibung

structure, to ~ gliedern; strukturieren

sub-account Unterkonto; Hilfskonto

subcontractor Unterlieferant

subdivide, to ~ gliedern

subgroup Teilkonzern

sub-item Unterposition

subject to limited taxation beschränkt steuerpflichtig

subject to taxation steuerpflichtig

S

subject to unlimited taxation unbeschränkte Steuerpflicht

subletting Untervermietung

subscribed gezeichnet

subscribed capital gezeichnetes Kapital

subscribed convertible debenture gezeichnete Wandelschuldverschreibung

subscriber of shares Zeichner von Aktien

subscription period Zeichnungszeitraum

subscription right Bezugsrecht

subsequent payments Folgezahlungen

subsequently nachträglich

subsidiary Tochtergesellschaft

subsidiary ledger Hilfsbuch; Nebenbuch

subsidy Subvention; Zuschuss; Unterstützung

subsistence Unterhalt; Verpflegung; Existenz

subsistence level Existenzminimum

substance over form wirtschaftliche Betrachtungsweise

substantive law materielles Recht

subtotal Zwischensumme

successive aufeinander folgend

sue, to Klage erheben; prozessieren; verklagen

suit Klage

summary Zusammenfassung

sundry other expenses übrige sonstige Aufwendungen

supervisory board Aufsichtsrat

supervisory body Kontrollgremium

supervisory risks aufsichtsrechtliche Risiken

supplement Zusatz; Ergänzung; Nachtrag

supplementary provision Zusatzbestimmung

supplier Lieferant

suppliers with debit balances debitorische Kreditoren

support Unterstützung

supreme tax court Bundesfinanzhof (BFH)

surcharge Aufschlag; Aufpreis; Zuschlag

surety Bürge

surety acceptance Avalkredit

surety credit Avalkredit

suretyship Bürgschaft

surplus Überschuss; Mehrwert

surplus on merger Verschmelzungsmehrwert

surplus sharing Überschussbeteiligung

suspension of collection Aussetzung der Vollziehung

swap Swapgeschäft; Tausch

SWOT analysis (strength, weakness, opportunity, threat) SWOT-Analyse

syndicate Interessengemeinschaft; Konsortium

syndicate business Konsortialgeschäft

system of classification Gliederungssystem

S

T

table Tabelle

table of contents Inhaltsverzeichnis

take, to ~ inventory/stock Bestand aufnehmen

takeover Übernahme

takeover bid Übernahmeangebot

taking minutes Protokollführung

taking out a loan Kreditaufnahme

tangible (fixed) assets Sachanlagen; Sachanlagevermögen

tangible assets materielle Vermögensgegenstände

target Ziel; Soll

target costing Zielkostenmanagement

target costs Sollkosten

tariff Tarif

tax Steuer

tax advantage Steuervorteil

tax advisory law Steuerberatungsgesetz

tax allowance Steuernachlass

tax assessment Steuerveranlagung

tax assessment notice Steuerbescheid

tax attorney Fachanwalt für Steuerrecht

tax audit Steuerprüfung

tax auditor Betriebsprüfer

tax authorities Finanzbehörde; Fiskus

tax avoidance Steuerumgehung

tax base Steuerbemessungsgrundlage

tax base of an asset or liability Steuerwert eines Vermögenswertes oder einer Schuld

tax bracket Steuerstufe

tax burden Steuerlast

tax charge Steuerbelastung

tax claim Steueranspruch; Steuerforderung

tax class Steuerklasse

tax committee Steuerausschuss

tax consultant Steuerberater

tax credit Steueranrechnung; Steuergutschrift

tax deferral Steuerabgrenzung; Steueraufschub

tax department Steuerabteilung

tax effect Steuerwirkung

tax evasion Steuerhinterziehung; Steuerflucht

tax exempt steuerbefreit; steuerfrei

tax exemption Steuerbefreiung

tax exemption limit Steuerfreibetrag

tax expense Steueraufwand

tax ferret Steuerfahnder

T

tax field audit steuerliche Außenprüfung

tax foreclosure Steuerpfändung

tax form Steuervordruck

tax fraud Steuerhinterziehung

tax free reserve steuerfreie Rücklage

tax group Organkreis

tax haven Steueroase

tax investigation Steuerfahndung

tax law Steuergesetz; Steuerrecht

tax legislation Steuergesetzgebung

tax liability fällige Steuerschuld

tax loss steuerlicher Verlust

tax loss carryforward steuerlicher
Verlustvortrag

tax office Finanzamt

tax penalty Steuerstrafe

tax privileged steuerbegünstigt

tax rate Steuersatz

tax rebate Steuernachlass

tax receivables Steuerforderungen

tax refund Steuererstattung

tax refund claim Steuererstattungsanspruch

tax return Steuererklärung

tax revenue Steuerertrag; Steuereinnahmen

tax saving Steuerersparnis

tax secrecy Steuergeheimnis

tax treaty Steuerabkommen

tax withheld at source Quellensteuer

tax withholding Steuereinbehalt

taxable steuerbar

taxable income steuerpflichtiges
Einkommen; steuerpflichtiger
Gewinn

taxable period Besteuerungszeitraum

taxable profit zu versteuerndes
Ergebnis

taxation Besteuerung

tax-deductible steuerlich absetzbar

tax-deductible expenses steuerlich
abzugsfähige Aufwendungen

taxes on income Steuern vom
Einkommen und vom Ertrag

taxes withheld at source Quellensteuer; Abzugssteuer

tax-exempt earnings steuerfreie
Einnahmen

taxpayer Steuerzahler

**taxpayer subject to limited taxa-
tion** beschränkt Steuerpflichtiger

TCO (total cost of ownership)
Gesamtbetriebskosten (→)

temporary difference temporäre
Differenz

temporary restraining order
einstweilige Verfügung

tenant Mieter

term Bedingung; Laufzeit

term of lease Leasingdauer

term of notice Kündigungsfrist

term of payment Zahlungsfrist

terminable kündbar

terminate, to ~ kündigen

termination Kündigung

termination payment Abfindung

terms Bestimmungen

terms of sale Verkaufsbedingungen

T

third party land fremde Grundstücke

third party work/service Fremdleistung

throughput time Durchlaufzeit; Durchsatzzeit

tied vote Stimmengleichheit

time deposit Festgeld; befristete Einlage

time to maturity Restlaufzeit

time value Zeitwert

timeliness Zeitnähe

top management obere Führungsebene; Unternehmensleitung

total gesamt; Summe

total assets Gesamtvermögen

total cost (nature of expense) format Gesamtkostenverfahren

total cost of ownership (TCO) Gesamtbetriebskosten

total dividend Dividendensumme

total equity Summe Eigenkapital

total equity and liabilities Summe Eigen- und Fremdkapital

total liabilities Summe Verbindlichkeiten

total operating expenses Betriebsaufwendungen insgesamt

total revenues Gesamtertrag

total segment assets Gesamtsegmentvermögen

total segment liabilities Gesamtsegmentschulden

TQM (total quality management) umfassendes Qualitätsmanagement (→)

trace, to ~ back zurückverfolgen

trade Branche; Gewerbe; Handel

trade accounts payable Verbindlichkeiten aus Lieferungen und Leistungen

trade accounts receivable Forderungen aus Warenlieferungen und Leistungen

trade date Handelstag

trade discount Handelsrabatt

trade fair Ausstellung

trade in, to ~ in Zahlung geben

trade payables Verbindlichkeiten aus Lieferungen und Leistungen

trade receivables Forderungen aus Lieferungen und Leistungen; Debitoren

trade register Handelsregister

trade tax Gewerbesteuer

trade tax charge Gewerbesteuerbelastung

trademark Marke; Warenzeichen

trademark right Markenrecht

trading in futures Börsentermingeschäft

trading range Handelsspanne

trading/transaction volume Handelsvolumen

training Ausbildung

tranche Tranche

transaction Abwicklung; Vorgang; Geschäft

transaction costs Transaktionskosten

transfer Umbuchung; Umgliederung; Übertragen

transfer at net book value Übernahme zum Nettobuchwert

T

transfer of business Geschäfts-übertragung

transfer of losses Verlustübernahme

transfer of ownership Übereignung

transfer of title Eigentumsübertragung

transfer order Überweisungsauftrag

transfer price Verrechnungspreis

transfer to equity Eigenkapitalzuführung

transfer to reserves Zuweisung zu Rücklagen

transfer, to ~ title übereignen; Eigentum übertragen

transfer, to ~ to reserves einstellen in Rücklagen

transition Umstellung; Übergang; Überleitung

transitional provision Übergangsbestimmung

transitional provisions Übergangsvorschriften

translate, to ~ umrechnen; umwandeln; übertragen; übersetzen

translation difference Umrechnungsdifferenz

transportation costs Fahrtkosten

travel allowance Reisekostenaufwandsentschädigung

travel expenses Reisekosten

traveller's cheque Reisescheck

treasurer Finanzdirektor

treasury Fiskus

treasury bill Schatzwechsel

treasury shares/stock eigene Anteile

trend Tendenz

trial Gerichtsverhandlung

trial balance Rohbilanz

trial balance sheet Saldenbilanz

trust Kartell; Treuhand

trust agreement Treuhandvertrag

trust assets Treuhandvermögen

trust company Treuhandgesellschaft

trust fund Treuhandfond

trust/trustee/fiduciary operations Treuhandgeschäfte

trustee Treuhänder; Vermögensverwalter

turnkey contract schlüsselfertiger Auftrag

turnover Umsatz

turnover equalisation tax Umsatzausgleichssteuer

T

U

unappropriated net income Ergebnisvortrag

unbilled receivables Forderungen aus noch nicht abgerechneten Leis-tungen

uncollectibility Uneinbringlichkeit

uncollectible accounts/ uncollectibles uneinbringliche Forderungen

underbid, to ~ unterbieten

underlying Basiswert

underlying assumptions Grundannahmen

underpayment Minderzahlung

understandability Verständlichkeit

undervaluation Unterbewertung

underwrite, to ~ garantieren; unterschreiben; versichern

underwrite, to ~ **a risk** ein Risiko versichern

undisclosed reserves stille Reserven

undistributed income nicht ausgeschütteter Gewinn

unearned interest transitorische Zinserträge

unearned premium reserve Beitragsübertrag

unemployed arbeitslos

unemployment Arbeitslosigkeit

unemployment benefits Arbeitslosengeld

unemployment insurance Arbeitslosenversicherung

unencumbered unbelastet

unencumbered assets unbelastete Vermögenswerte

unissued share noch nicht ausgegebene Aktie

unit Einheit; Mengeneinheit

unit cost Stückkosten

unit price Stückpreis

units-of-production method Leistungsabschreibung; Abschreibung auf der Basis von Produktionseinheiten

unlawful gesetzwidrig

unlimited tax liability unbeschränkte Steuerpflicht

unlisted share nicht an der Börse eingeführte Aktien

unpaid capital contribution ausstehende Einlage

unpaid note nicht eingelöster Wechsel

unprofitable unrentabel

unquoted share nicht notierte Aktie

unrealised gain or loss nicht realisierter Gewinn oder Verlust

unrecorded ungebucht

unrecorded liabilities unverbuchte Verbindlichkeiten

U

unredeemed coupons noch nicht eingelöste Kupons

unsecured credit Blankokredit

unsecured receivable ungesicherte Forderung

unsettled claim Abrechnungsverbindlichkeit

upfront im Voraus

upward trend/uptrend steigende Tendenz

use Nutzung; Verwendung; Inanspruchnahme

use value Nutzungswert

useful life Lebensdauer; wirtschaftliche Nutzungsdauer

usury Wucher

utilization Auslastung; Nutzung

utilities Strom, Gas, Wasser usw.

utility analysis Nutzwertanalyse

utilisation of capacity Kapazitätsauslastung

U

V

vacation Urlaub

vacation allowance Urlaubsgeld

valid gültig

valuation Bewertung; Wertansetzung; Wertbestimmung

valuation allowance Wertberichtigung

valuation change Bewertungsänderung

valuation method Bewertungsmethode

valuation report Bewertungsgutachten

valuation rules Bewertungsvorschriften

value Wert

value added chain Wertschöpfungskette

value added tax Mehrwertsteuer

value adjustment Wertberichtigung; Änderung in Ansatz und Bewertung

value analysis Wertanalyse

value at risk (VaR) Risikowert (➔)

value chain analysis Wertkettenanalyse

value date Valuta

value in use Nutzungswert

value of matter in dispute Streitwert

value, to ~ taxieren

variable variabel

variable costs proportionale Kosten

variable portion of remuneration variabler Vergütungsbestandteil

variable rate variabler Satz

variance Abweichung; Veränderung; Varianz

variance analysis Abweichungsanalyse

vendor Anbieter; Verkäufer

venture Unternehmung; Wagnis

venture capital Wagniskapital

verbal agreement mündlicher Vertrag

vested employee benefits unverfallbare Leistungen an Arbeitnehmer

vice chairman stellvertretender Vorsitzender

void ungültig

volume variance Beschäftigungsabweichung

voluntary social security contributions freiwillige soziale Aufwendungen

voting right Stimmrecht

voting share/stock stimmberechtigte Aktie

voucher Beleg; Gutschein

W

wage Lohn

wage arbitration Schlichtung im Lohnstreit

wage group Tariflohngruppe

wage negotiations Lohnverhandlungen

waive, to ~ a claim auf einen Anspruch verzichten

waiver of receivable Forderungsverzicht

warehouse Lager

warehouse fees Lagergebühren

warrant Optionsrecht; Optionsschein

warranty Gewährleistung; Garantie

warranty agreement Gewährleistungsvertrag

warranty claims Gewährleistungsansprüche

warranty obligation Garantieverpflichtung

wealth Vermögen

wealth management Vermögensmanagement

wealth tax Vermögenssteuer

wear and tear Abnutzung

weighted gewichtet

weighted average cost method Durchschnittsmethode

weighted average number of shares for the basic earnings per share gewichteter Durchschnitt

weighting Gewichtung

white-collar employee Angestellter

wholly-owned subsidiary Tochtergesellschaft, 100 %

widow's pension Witwenrente

wilful deceit arglistige Täuschung

window dressing Bilanzfrisur

withdrawal Abhebung; Entnahme; Zurückziehung

withholding tax Quellensteuer; Abzugssteuer

without consideration unentgeltlich

without notice fristlos

without obligation ohne Verpflichtung

work in progress Halbfabrikate; unfertige Erzeugnisse

work load Arbeitsbelastung

workers' participation Mitbeteiligung der Arbeitnehmer

workflow Arbeitsablauf

worklfow chart Arbeitsablauf

working capital Betriebskapital; Nettoumlaufvermögen

works council Betriebsrat

write down, to ~ abschreiben

write off, to ~ abbuchen; vollständig abschreiben; ausbuchen

write-down Abschreibung; Wertberichtigung

write-down (to going-concern value) Teilwertberichtigung

write-down of financial assets Abschreibung auf Finanzanlagen

write-down on available-for-sale securities Abschreibung von jederzeit veräußerbaren Wertpapieren

write-downs/write-ups on intangible assets, property, plant and equipment Abschreibungen/Zuschreibungen auf immaterielle Vermögenswerte

write-downs of fixed assets Wertberichtigung auf das Anlagevermögen

write-downs of intangible assets Wertberichtigung auf immaterielle Vermögenswerte

write-off vollständige Abschreibung; Ausbuchung

write-up Zuschreibung

written notice schriftliche Kündigung

X

XYZ analysis XYZ-Analyse

Y

year-end closing Jahresabschluss; Jahresendabrechnung

year-on-year comparison Jahresvergleich; Vorjahresvergleich

years of service Dienstalter

yield Ausbeute; Effektivverzinsung; Verzinsung

Z

zero-base budgeting Null-Basis-Budgetierung ()

zillmerised gezillmert

3 Kommentierungen und Erläuterungen

Das Kapitel „Kommentierungen und Erläuterungen" ist folgendermaßen aufgebaut:

Im ersten Abschnitt finden Sie eine Reihe von Erläuterungen zu wichtigen Fachbegriffen aus dem Bereich Controlling und Rechnungswesen.

Der nächste Abschnitt bietet Ihnen einen Überblick über die wichtigsten Abkürzungen, die sich inzwischen als eigenständige Begriffe im Sprachgebrauch etabliert haben.

Am Ende des Kapitels finden Sie Mustervorlagen zu folgenden Themen:

* Cashflow/Kapitalflussrechnung
* Deckungsbeitragsrechnung
* Gewinn- und Verlustrechnung
* Bilanz

3.1 Wichtige Fachbegriffe

Nachfolgend finden Sie Definitionen zu den wichtigsten Begriffen aus dem Controllingbereich. Gerade deren exakte Abgrenzung kann darüber entscheiden, ob der Begriff, den man verwenden will, tatsächlich auf den vorgefundenen Sachverhalt zutrifft.

Hinweise für die Benutzung

1. Die Stichwörter sind **halbfett** in alphabetischer Reihenfolge in deutscher Sprache aufgeführt. Die jeweilige englische Übersetzung finden Sie in *kursiver Schrift* unmittelbar neben dem deutschen Ausdruck.
2. Begriffe, die sich in ihrer englischen Form eingebürgert haben, wie z. B. „Benchmarking" oder „Balanced Scorecard", wurden im Original in die alphabetische Reihenfolge übernommen. Da es für diese Fachbegriffe keine deutsche Entsprechung gibt, fehlt an solchen Stellen die deutsche Übersetzung.
3. Sind die Fachbegriffe aus mehreren Wörtern zusammengesetzt, ist die Wortgruppe nicht immer unter dem ersten Wort alphabetisch eingeordnet, sondern ggf. unter dem Begriff, der die Wortgruppe am treffendsten repräsentiert.

In solchen Fällen steht die Tilde an der entsprechenden Textstelle für das vorangestellte Stichwort.

Bsp: **Abschreibung, lineare** ~ = lineare Abschreibung;

ABC-Analyse *ABC analysis*
Verfahren zur wertmäßigen Klassifikation von Entscheidungsmengen.

Abschreibungen, außerplanmäßige ~ *impairment losses*
Über die planmäßige Abschreibung hinausgehende Abschreibung bei außergewöhnlichen Umständen, die dazu führen, dass der Wert eines Wirtschaftsguts, unter dem Wert liegt, den dieses Wirtschaftsgut bei Inanspruchnahme der planmäßigen Abschreibung haben würde.

Abschreibung, Leistungs ~ *units of production depreciation method*
Besondere Form der linearen Afa. Nur bei beweglichen Wirtschaftsgütern und nur wenn die Leistung des Wirtschaftsgutes von Jahr zu Jahr erheblich schwankt.

Abschreibung, lineare ~ *straight-line method of depreciation*
Gleichmäßige Verteilung der Anschaffungs-/Herstellkosten auf die Gesamtdauer der Verwendung.

Abweichungsanalyse *variance analysis*
Instrument zur Ermittlung der Ursache der eingetretenen Abweichung.

Aktienoptionsplan *share option plan*
Direkte Verbindung zwischen Vergütung und Entwicklung des Aktienkurses. (Gestaltungsmöglichkeit der erfolgsabhängigen Vergütung).

Anlagevermögen *non-current assets; fixed assets*
Wirtschaftsgüter, die dem Betrieb eine längere Zeit dienen.

Annuitätendarlehen *annuity loan*

Die monatliche, quartalsweise, jährliche Belastung aus Zins und Tilgung ist jeweils gleich hoch. Im Laufe der Zeit nimmt der Tilgungsbetrag zu, die Zinsbelastung ab.

Anschaffungskosten *costs of purchase; acquisition costs*

Aufwendungen, die anfallen, um einen Vermögensgegenstand in einen betriebsbereiten Zustand zu versetzen.

Anzahlung *advance payment; prepayment; deposit; down-payment (bei Ratenkäufen)*

Vorleistungen auf schwebende Geschäfte.

Auftragsfertigung *make-to-order manufacturing*

Herstellung eines oder mehrerer Produkte für einen speziellen Kunden.

Ausleihung *loan*

Langfristige Forderungsdarlehen.

Ausstehende Einlage *unpaid capital contribution*

Differenz zwischen gezeichnetem und eingezahltem Kapital.

Application Service Providing (ASP)

Dienstleistung, bei der ein Provider die Nutzung von Software ermöglicht, ohne die Notwendigkeit, diese auf kundeneigener Hardware zu installieren.

Balanced Scorecard

Instrument der Unternehmensführung als ausgewogenes Zielsystem aus finanzwirtschaftlichen, internen, kundenspezifischen und Entwicklungsaspekten.

Bedarfsermittlung *assessment of demand*

Kernaktivität im Rahmen der Materialwirtschaft auf der Grundlage der Nachfrage des Kunden nach dem Produkt bzw. der Dienstleistung.

Benchmarking

Vergleich von Produkten, Dienstleistungen und betrieblichen Prozessen mit dem Ziel die eigene Leistungsfähigkeit zu erhöhen.

Berichtswesen *reporting*

Informationssammlung, -analyse-, -selektion und -aufbereitung zum Zweck der zeitnahen Information des Managements, der Führungskräfte und Mitarbeiter über die wichtigsten Geschehnisse im Unternehmen.

Beschäftigungsabweichung *volume variance*

Ausmaß der Kapazitätsausnutzung zur Ermittlung der Kosten- und Kapazitätsplanung.

Betriebsabrechnungsbogen (BAB) *cost distribution sheet*

Instrument der Kostenrechnung vor allem bei kleineren Unternehmen. Verteilung der Gemeinkosten einer Kostenstelle außerhalb der Buchhaltung in tabellarischer Form, während die Einzelkosten den Kostenträgern weiterhin direkt zugerechnet werden.

Betriebsergebnisrechnung *statement of operations*

(auch kurzfristige Ergebnisrechnung, kurzfristige Erfolgsrechnung, Kostenträgerzeitrechnung).

Darstellung des kurzfristigen Ergebnisses aus unternehmensbezogener, betrieblicher Tätigkeit in Abgrenzung zum neutralen Ergebnis und dem Gesamtunternehmensergebnis.

Beyond budgeting

Verzicht auf Budgets und Ersetzung durch ein flexibles und dezentrales Initiative förderndes Managementmodell. Bestehend aus „12 Prinzipien" (sechs Prinzipien betreffen die Unternehmenskultur und den organisatorischen Rahmen; sechs weitere Prinzipien beziehen sich auf den Planungs- und Steuerungsprozess).

Bilanzanalyse *analysis of financial statements*

(auch Bilanzkritik, Bilanzprüfung, Bilanzbeurteilung)

Auswertung des Jahresabschlusses unter Einschluss des Anhangs und des Lageberichtes bei Kapitalgesellschaften.

Bilanzkontrollgesetz *accounting enforcement act*

Sicherstellung der Einhaltung von Bilanzierungsregeln. Umgesetzt in den USA durch den Sarbanes-Oxley-Act. In Deutschland durch das am 29.10.2004 verabschiedete Bilanzkontrollgesetz (BilKoG).

Blueprint

Konzeption, um Geschäftsprozessanforderungen eines Unternehmens zu dokumentieren und zu beschreiben, wie diese mit EDV-Systemen abgebildet werden sollen.

Break-Even-Analyse *break even analysis*

(auch Gewinnschwellenanalyse, Nutzenschwellenanalyse, Deckungspunktanalyse)

Bestimmung des Absatzvolumens bei dem die Vollkosten gedeckt sind.

Budgetierung *budgeting*

Instrument der Kostenüberwachung durch Zuweisung der Gemeinkosten an die Verantwortlichen sowie der Kombination von Kostenstellenverantwortung mit Zielen und Planwerten.

Data-Development Analyse *data development analysis*

Methode aus dem produktionstheoretischen Effizienzbegriff, um ein aggregiertes Effizienzurteil abgeben zu können, wobei Ziel der Messung ist, zu überprüfen, ob ein untersuchtes Objekt mit möglichst wenig Input möglichst viel Output generiert.

Data Mining

Prozess der Auswahl, Erklärung und Modellierung großer Datenmengen, um vorher unbekannte Zusammenhänge zu finden.

Data Warehouse

Sammlung aller in einem Unternehmen oder Unternehmensbereich vorhandenen internen und externen Daten.

Deckungsbeitragsrechnung *marginal costing; break even analysis*

Überschuss aus Erlösen über bestimmte Teilkosten.

Due diligence

Bündel von Analysen zur Untersuchung und Begutachtung wertbestimmender Faktoren sowie zur Reduzierung von Risiken bei Transaktionen zwischen Unternehmen.

Durchschnittsmethode *weighted average cost method*

Bestimmung der Anschaffungskosten von vertretbaren Vorratsgegenständen, die in größerem Umfang beschafft werden. Mit diesem Wert werden Endbestand und Abgänge bewertet.

EBIT *earnings before interest and taxes*

Entspricht dem „ordentlichen Ergebnis vor Zinsen" und ist als Größe finanzierungsneutral und eignet sich als Instrument zum Vergleich von Firmen mit unterschiedlicher Finanzstruktur.

EBITDA *earnings before interest, taxes, depreciation and amortisation*

Kennziffer zur Beurteilung von Unternehmen.

Einzelkosten *unit costs; direct costs*

Direkte Zurechnung der anfallenden Kosten an einen Verursacher.

Equity-Methode *equity method*

Bilanzierungsmethode, bei der die Anteile an einem Unternehmen zunächst mit den Anschaffungskosten gebucht werden und in der Folge entsprechend dem Anteil des Anteilseigners am sich ändernden Reinvermögen des Beteiligungsunternehmens berichtigt werden. Die Gewinn- und Verlustrechnung zeigt den Anteil des Anteilseigners am Erfolg des Beteiligungsunternehmens.

Erwerbsmethode *purchase accounting*

Die Erwerbsmethode definiert den Erwerb einer Beteiligung an einem Tochterunternehmen als Kauf eines Teilbetriebes mit der Folge, dass die einzelnen Bilanzposten des Tochterunternehmens vollständig in die Konzernbilanz übernommen werden *(asset deal)*.

Fixkosten *fixed costs*

Kosten, die unabhängig von der Beschäftigung des Unternehmens entstehen und nicht mit der Produktionsmenge schwanken.

Fluktuation *employee turnover*

Ausmaß des Ein- und Austritts von Mitarbeitern in Unternehmen.

GAP Analyse *gap analysis*

Instrumentarium zur strategischen Unternehmensanalyse mit dem Ziel, mögliche Lücken zwischen erwarteter Unternehmensentwicklung und strategischer Zielsetzung aufzuzeigen.

Gemeinkostenwertanalyse (GWA) *overhead cost analysis*

Verfahren des Kostenmanagements für den Gemeinkosten- oder Verwaltungsbereich mit dem Ziel, die Verwaltung zu günstigeren Kostenbedingungen zu reorganisieren.

Gewinnrealisierung nach Fertigstellungsgrad *percentage of completion method*

Ein Gewinn, der aus einem Gesamtauftrag resultiert, baut sich über die gesamte Zeit der Leistungserstellung auf. (Abweichung vom Realisationsprinzip des HGB).

GMK Analyse *LMS analysis*

Klassifizierung von Beschaffungsobjekte in Abhängigkeit von Volumen, Größe, Sperrigkeit mit dem Ziel eines kostengünstigen Transports im „Just-in-time"- Verfahren.

Grundsatz des Fremdvergleichs *arm's length principle*

Ein Kriterium, um zu beurteilen, ob eine verdeckte Gewinnausschüttung vorliegt. Dies ist dann der Fall, wenn eine Körperschaft Gewinne an ihre Gesellschafter ausschüttet, ohne dass darüber ein ordnungsgemäßer Beschluss gefasst wurde und dieser Vorteil durch das Gesellschaftsverhältnis veranlasst ist. Zu bejahen ist dies, wenn die Gesellschaft einem Dritten, der nicht Gesellschafter ist, diesen Vorteil nicht gewährt hätte = Fremdvergleich.

Handelswarenkalkulation *resale price calculation*

Optimale Preisfindung der zum Verkauf bereitgehaltenen Güter.

Hebelwirkung *leverage effect*

Erhöhung der Eigenkapitalrentabilität bei Finanzierung von Investitionen mit Fremdkapital, sofern die durch die Investitionen erwirtschaftete Gesamtrentabilität über den zu zahlenden Fremdkapitalzinsen liegt.

Hedge Accounting

Bilanzielle Abbildung von mindestens zwei Verträgen, die in einem Sicherungszusammenhang stehen, wobei es durch die gegenläufige Ausgestaltung zu einer weitestgehenden Risikokompensation kommt.

Innerbetriebliche Leistungen *internal services*

Erzeugte Leistungen, die am Markt verkäuflich wären, aber intern genutzt werden.

Intangible Assets

Nicht greifbarer Wert eines Unternehmens oder einer Organisation (immaterieller Vermögenswert).

Interne Revision *internal audit*

Auffinden von Ansätzen für Optimierungen von Abläufen als Bestandteil des internen Kontrollsystems mit dem Ziel, Fehler zu vermeiden oder frühzeitig aufzudecken.

Investitionsplanungsrechnung *investment planning analysis*

Instrument der Investitionsprüfung (-bewertung, -beurteilung) mit dem Ziel, die finanziellen Folgen geplanter Investitionen abschätzen zu können.

Kalkulatorische Kosten *imputed costs*

Kostenarten, denen in der Finanzbuchhaltung entweder kein Aufwand oder Aufwand in anderer Höhe gegenübersteht.

Kalkulatorische Zinsen *imputed interests*

Kosten für die Nutzung des betriebsnotwendigen Kapitals (Kosten der Kapitalbindung).

Kapitalflussrechnung *Cash flow*

Instrument, um die Zahlungsströme der Periode unterteilt nach laufender Geschäftstätigkeit, Investitionstätigkeit und Finanzierungstätigkeit abzubilden.

Kennzahlen *key indicator; ratio; key figure*

Kennzahlen informieren in präziser und zusammengefasster Form über wichtige betriebswirtschaftliche Tatbestände und die Entwicklung eines Unternehmens, seiner Teilbereiche, seiner Funktionen oder seiner Prozesse.

Komplexitätskosten *complexity costs*

Kosten, die aus der Vernetzung aller Unternehmensbereiche (z. B. Beschaffung, Logistik, Produktion, Verwaltung, Vertrieb etc.), deren Koordination und deren Vielfältigkeit resultieren.

Kostenartenrechnung *cost-type accounting*

Verfahren, das die geldwertmäßige Belastung aus den unterschiedlichsten Unternehmensstellen nach Art/Sachbereichen klassifiziert und für die Kostenrechnung aufbereitet.

Kostenmanagement *cost management*

Beeinflussung der Kosten unter zu Hilfenahme alle Methoden und Verfahren, die eine Einflussnahme auf die Kosten ermöglichen und unterstützen

Kosten-Nutzen-Analyse (KNA) *cost-benefit analysis*

Spezielle Form der Investitions- oder Wirtschaftlichkeitsrechnung durch Erfassung und Bewertung der möglichen positiven und negativen Auswirkungen eines geplanten Vorhabens.

Kostenstellenrechnung *cost centre accounting*

Zurechnung der nicht direkt dem Produkt zurechenbaren Kosten an die Verursacher.

Kostenstruktur *cost structure*

Information über die Zusammensetzung der Kosten innerhalb eines Unternehmens.

Kostenträger *cost unit; cost object*

Betriebliche Leistungseinheiten, denen Kosten zugerechnet werden.

Leistungswertanalyse *activity value analysis*

Modifikation der Gemeinkostenwertanalyse zur Erfassung, Bündelung und Bewertung der im Unternehmen erstellten Leistungen.

Lieferbereitschaftsgrad *service level*

Fähigkeit, jederzeit alle Bedarfsanforderungen termin- bzw. fristgerecht und ohne Mängel erfüllen zu können.

Liquidität *liquidity*

Fähigkeit jederzeit und uneingeschränkt seinen Zahlungsverpflichtungen nachkommen zu können.

Macro hedge

Es wird nicht jedes Geschäft einzeln gegen makroökonomische Risiken abgesichert, sondern eine Gesamtposition.

Management-by-Konzepte *management-by concepts*

Führungsinstrument, das einen systematischen Ordnungsrahmen vorgibt, um das Führen durch Aufgabenzuordnung, Zielvorgabe und Partizipation der Mitarbeiter effizienter zu machen.

Maschinenstundensatz *machine hourly rate*

Wert an Fertigungsgemeinkosten aus der Division der Summe der Gemeinkosten der Maschine mit deren Laufzeit.

Materialkosten *cost of materials*

Sämtliche Kosten für Roh-, Hilfs- und Betriebsstoffe.

Micro hedge

Eindeutige Zuordnung von Grund- und Sicherungsgeschäft.

Nachkalkulation *product costing analysis*

Nach erfolgter Leistungserbringung auf Basis der tatsächlichen Kosten vorgenommene Berechnung der Selbstkosten.

Normalkostenrechnung *normal costing*

Verarbeiung der Istmengen unter Zugrundelegung der Normal- oder Verrechnungspreise. Die Normalkostenrechnung stellt das Bindeglied zwischen der Istkostenrechnung und der Plankostenrechnung dar.

Nutzwertanalyse *Utility Analysis*

Planungsmethode zur systematischen Entscheidungsvorbereitung bei der Auswahl von komplexen Handlungsalternativen.

Opportunitätskosten *opportunity costs*

Belastung der ausgewählten Handlungsalternative mit den nicht erzielbaren Vorteilen der nicht ausgewählten Handlungsalternative.

Organschaft *consolidated tax group*

Eingliederung einer juristischen Person (Organgesellschaft) in ein anderes Unternehmen (Organträger).

Patronatserklärung *letter of comfort*

Erklärung eines Unternehmens (Muttergesellschaft eines Konzerns) zugunsten eines Dritten.

Pauschalwertberichtigung *general allowance for doubtful accounts*

Wertberichtigung von Forderungen aufgrund der Erfahrung aus abgelaufenen Wirtschaftsjahren (z. B. Forderungsausfälle, Preisnachlässe, Zinsverlust aufgrund verspäteter Zahlungen).

Portfolio-Konzept *portfolio concept*

Beurteilung der optimalen Zusammensetzung eines Wertpapierportfeuilles anhand von Rendite und Risikokriterien.

213

Potenzialanalyse *analysis of potentials*

Herausarbeitung der strategischen Erfolgsfaktoren eines Unternehmens. Stärken/Schwächenanalyse eines Unternehmens.

Preisabweichung *price variance*

Differenzen zwischen Ist- Plan- bzw. Sollkosten, die sich durch gegenüber der Planung geändertes Preis- bzw. Lohnniveau ergeben.

Rechnungsabgrenzungsposten, antizipatives Aktivum *accrued income*

Ertrag betrifft das abgelaufene Jahr; die Einnahme erfolgt im neuen Jahr. Zum Beispiel Miete für Dezember 2005 im Januar 2006 nachträglich erhalten. Als Bilanzposten unter sonstige Vermögensgegenstände ausgewiesen.

Rechnungsabgrenzungsposten, antizipatives Passivum *accrued expense*

Der Aufwand betrifft das alte Jahr; die Zahlung erfolgt im Januar 2006 für Dezember 2005. Als Bilanzposten unter sonstigen Verbindlichkeiten ausgewiesen.

Rechnungsabgrenzungsposten, transitorisches Aktivum *prepaid expenses; bei langfristigen Posten: deferred charges*

Ausgabe im abgelaufenen Jahr für einen Aufwand im neuen Jahr. Zum Beispiel Zahlung der Miete 2006 schon im Dezember 2005. Als Bilanzposten unter aRAP ausgewiesen.

Rechnungsabgrenzungsposten, transitorisches Passivium *deferred income*

Eine im alten Jahr erhaltene Einnahme, die einen Ertrag für das neue Jahr darstellt. Zum Beispiel eine im Dezember 2005 erhaltene Mietzahlung, die Januar 2006 betrifft. Als Bilanzposition unter pRAP ausgewiesen.

Reproduktionskosten *reproduction costs*

Wiederherstellungskosten für selbst hergestellte Wirtschaftsgüter zuzüglich der bis zum Bilanzstichtag anfallenden Verwaltungs- und Vertriebskosten (Selbstkosten).

Restrukturierung *restructuring*

Veränderung von Prozessen, Systemen und Strukturen, um einen organisatorischen Wandel herbeizuführen.

Risikoaggregation *risk aggregation*

Zusammenzufassung von Einzelrisiken zu einem Gesamtrisiko.

Rückstellung *accrual; provision; reserve*

Aufwendungen, deren Höhe und/oder Fälligkeit während der Bilanzerstellung noch ungewiss sind.

SEC *Securities and Exchange Commission*

Zuständige US-amerikanische Bundesbehörde zur Überwachung der Kapitalmarktgesetze.

Sollkosten *target costs*

Errechnung der Kosten, die bei Erreichen des geplanten Leistungsniveaus anfallen sollten.

Stückkosten *cost per unit; unit costs*

Auf eine Leistungseinheit entfallende Kosten.

SWOT Analyse *SWOT analysis - strength, weakness, opportunity, threat*

Charakterisierung eines Unternehmens im Rahmen der strategischen Planung.

TCO (Total Cost of Ownership)
Modell zur Erfassung aller Kosten, die für Anschaffung, Betrieb und Entsorgung, d. h. über den gesamten Lebenszyklus anfallen.

Teilwert *Steuerrecht: going concern value/Zeitwert; Handelsrecht: fair value*
Der Betrag, den ein gedachter Erwerber im Rahmen des Gesamtkaufpreises für den ganzen Betrieb für das einzelne Wirtschaftsgut aufwenden würde.

TQM *Total-Quality-Management*
Methode der Unternehmensführung, mit der Markterfolg durch Qualität der angebotenen Produkte und Dienstleistungen erreicht werden soll.

Umlaufvermögen *current assets*
Wirtschaftsgüter, die zum Verkauf/Verbrauch gedacht sind.

Value at Risk *VaR*
Instrument zur Messung von Zinsrisiken.

Vollkostenkalkulation *full costing*
Verrechnung der gesamten Kosten (sowohl der unmittelbare Verbrauch als auch die anteilige Inanspruchnahme von Kapazitäten) auf das Produkt.

Vorkalkulation *preliminary costing estimate*
Die vor Beginn der Produktion anhand von geplanten oder geschätzten Kostendaten durchgeführte Berechnung der Selbstkosten je Leistungseinheit.

Wertkettenanalyse *value chain analysis*
Analyse der eigenen Wertschöpfungskette im Vergleich zum Wettbewerb, woraus sich strategische Ansatzpunkte ablesen lassen.

Wertschöpfungskette *value added chain*

Aneinanderreihung wertschöpfender Aktivitäten von den Rohmaterialquellen der Lieferanten bis hin zur an den Endverbraucher gelieferten Ware oder Leistung.

XYZ-Analyse *XYZ analysis*

Ermittlung der Verbrauchsstruktur der Lagerbestände/Vorräte zur Optimierung der Lagerhaltung und Kapitalbindungskosten.

Zero-Base-Budgeting

Gemeinkostenwertanalyse.

Zielkostenmanagement *target costing*

Vorgabe von Kostenzielen und deren systematische Überwachung.

Zuschlagskalkulation *overhead calculation*

Kostenrechnungsverfahren bei Betrieben mit unterschiedlichen Produkten, Arbeitsabläufen und Fertigungsverfahren.

3.2 Gebräuchliche Abkürzungen im Controlling

Nachfolgend finden Sie gebräuchliche Abkürzungen aus dem Bereich Finance & Controlling. Diese wichtigen Kürzel sind mittlerweile so weit verbreitet, dass ein Wörterbuch ohne deren Nennung unvollständig wäre.

Hinweise für die Benutzung

1. Die Abkürzungen sind **halbfett** in alphabetischer Reihenfolge aufgeführt. Die vollständige, ausgeschriebene Version des Kürzels finden sie in *kusiver Schrift* unmittelbar daneben.

2. Eine deutsche Erklärung des Ausdrucks steht in Normalschrift unter dem Stichwort.

Arpu *Average revenue per user*
Durchschnittlicher Umsatz pro Kunde

Bloc *Buy low on cash*
Discount-Zertifikat; Abschlag auf den eigentlichen Preis des Basiswertes

Capex *Capital Expenditure*
Investitionskosten

CCPU *Cash cost per user*
Kosten je Bestandskunde

CFO *Chief Financial Officer*
Finanzvorstand

CPGA *Cost per Gross Addition*
Kosten je (Brutto-) Neukunde, z.b. Händlerprämie

CY Current year
Gegenwärtiges Jahr

Ebita *Earnings before interest, taxes, depreciation, and amortization*
Betriebsgewinn vor Firmenwertabschreibung, Ergebnis vor Zinsen, Steuern, Abschreibungen

Ebitdaso *Earnings before interest, taxes, depreciation, amortization and stock options*
Ergebnis vor Steuern, Zinsen, Abschreibungen, Mitarbeiterbeteiligungen.

EBT *Earnings before tax*
Ergebnis der gewöhnlichen Geschäftstätigkeit

EPS *Earnings per share*
Gewinn je Aktie

EVA *Economic Value Added*
Geschäftswertbeitrag des erwirtschafteten Vermögenszuflusses

IBT *Income before tax*
Bruttoergebnis

IPO *Initial public offering*
Öffentliche Erstemission

IRR *Initial return rate*
Anfangsamortisierung

LRS *Lifetime Revenue per Subscriber*
Gesamtumsatz je Teilnehmer bis zu dessen Ausscheiden (Begriff findet in der Telekommunikationsbranche Anwendung)

MDP *Monthly dividend plan*
Monatliche Dividendenausschüttung

MoU *Memeorandum of Understanding*
Gemeinsame Absichtserklärung

NDA *Non-disclosure agreement*
Geheimhaltungsvereinbarung

Opex *Operating Expenses*
Laufende Kosten

PbT *Profit before Tax*
Ergebnis der gewöhnlichen Geschäftstätigkeit; Gewinn vor Ertragsteuern

P/CF ratio
Kurs – Cashflow Verhältnis

P/E ratio
Kurs-Gewinn-Verhältnis

R&D *Research and development*
Forschung & Entwicklung

ROI *Return on investment*
Rendite; Kapitalverzinsung

ROS *Return on sales*
Umsatzrendite

SG&A *Sales and general administration*
Verwaltungskosten, Vertriebskosten

SME *Small and medium sized enterprises*
Kleine und mittelständische Unternehmen

TCO *Total Cost of Ownership*
Modell zur Erfassung aller Kosten, die für Anschaffung, Betrieb und Entsorgung, d. h. über den gesamten Lebenszyklus anfallen.

TQM *Total-Quality-Management*
Methode der Unternehmensführung, mit der Markterfolg durch Qualität der angebotenen Produkte und Dienstleistungen erreicht werden soll

USP *Unique selling proposition*
Alleinstellungsmerkmal

VaR *Value at Risk*
Instrument zur Messung von Zinsrisiken.

Yoy *Year on year*
Im Vergleich zum selben Zeitraum des Vorjahres

Ytd *Year to date*
Bis heute

3.3 Mustervorlagen

In diesem Abschnitt finden Sie Mustervorlagen zur:

- Kapitalflussrechnung/Cashflow
- Deckungsbeitragsrechnung
- Gewinn- und Verlustrechnung
- Bilanz

Dem Leitgedanken folgend, Ihnen einen in der Praxis verwendbaren Ratgeber an die Hand zu geben, sollen diese Beispiele zeigen, wo sich die zuvor übersetzten und definierten Begriffe in der praktischen Anwendung wiederfinden.

Hinweise für die Benutzung

Neben dem in Normalschrift gedruckten deutschen Ausdruck finden Sie die jeweilige englische Übersetzung in *kursiver Schrift*.

Cashflow/Kapitalflussrechnung

Cashflow aus laufender Geschäftstätigkeit *Cash flow from operating activities*:
Einzahlungen von Kunden *Receipt from Customers*
Auszahlungen an Lieferanten *Payments to suppliers*
Auszahlungen aus Zinsen *Borrowing cost*
Gezahlte Einkommensteuer *Income tax paid*
Erhaltene staatliche Beihilfen *Receipt of government grants*

Cashflow aus Investitionstätigkeit *Cash flow from investing activities*:
Einzahlungen aus Verkauf von Vermögensgegenständen *Proceeds from sale of property, plant and equipment*
Einzahlungen aus Zinserlösen *Interest received*
Kauf von Sachanlagen *Purchase of property, plant and equipment*
Kauf von Finanzanlagevermögen *Purchase of investment property*
Kauf von immateriellen Vermögen *Purchase of intangible assets*
Kauf von anderen Finanzvermögen *Purchase of other financial assets*

Cashflow aus Finanzierungstätigkeit *Cash flow from financing activities*:
Einzahlungen aus Ausgabe von Anteilen *Proceeds from issue of shares*
Zahlungen aus Finanzierungsleasing *Payment of finance lease liabilities*
Einzahlungen aus Darlehen *Proceeds from borrowings*
Auszahlungen aus Darlehen *Repayment of borrowings*
Dividenden an Anteilseigner der Konzernmutter *Dividend paid to parents shareholders*
Bargeld und Buchgeld am 1. Januar *Cash and Cash equivalents 1 January*
Bargeld und Buchgeld am 31. Dezember *Cash and Cash equivalents 31 December*

Deckungsbeitragsrechnung *Marginal costing; Breakeven analysis*

Kostenart *Cost type*	Fixed costs	Variable costs (%)
Variable Kosten *Variable costs*		
Verkaufskosten *Cost of goods sold*		
Bestandsveränderungen *Inventory*		
Rohmaterial *Raw materials*		
Direkt zurechenbare Arbeitskosten *Direct labor*		
Fixkosten *Fixed Costs*		
Gehälter *Salaries*	€	
Reparaturen und Instandhaltung *Repairs & maintenance*	€	
Werbung *Advertising*	€	
Fahrzeug/Reisekosten *Car, delivery and travel*	€	
Buchführung *Accounting*	€	
Miete *Rent*	€	
Vertriebsgemeinkosten *Selling expenses*	€	
Verwaltungsgemeinkosten *Administration costs*	€	
Versicherung *Insurance*	€	
Steuern *Taxes*	€	
Zinsen *Interests*	€	
Abschreibung *Depreciation*	€	
Sonstiges *Other*	€	
Summe Fixkosten *Total fixed costs*	€	
Summe variabler Kosten *Total variable costs*		
Summe Gesamtkosten *Total costs*	€	
Breakeven Verkaufspreis *Breakeven sales level*	€	

Gewinn- und Verlustrechnung *Income statement; Profit & loss account*

Umsatzerlöse *Revenues*

Bestandsveränderungen *Change in work-in-process*

Aktivierte Eigenleistungen *Other internal costs capitalized*

Sonstige betriebliche Erträge *Other operating income*

Gesamtertrag *Total revenues*

Kosten Roh-/Verbrauchsstoffe *Cost of materials*

Personalaufwand *Personnel expenses*

Sonstige betriebliche Aufwendungen *Other operating expenses*

Gewinn vor Zinsen, Steuern und Abschreibung *EBITDA*

Abschreibungen auf Sachanlagen und immaterielle Vermögensge-genstände *Depreciation and amortization of tangible and intangible non-current assets*

Betriebsergebnis (Gewinn vor Zinsen und Steuern) EBIT *(Operating profit)*

Zinsertrag *Interest results*

Erträge aus Beteiligungen *Results of investments held at equity*

Erträge aus sonstigen Vermögensgegenständen des Finanzanlagever-mögens *Income from investments*

Abschreibungen auf Finanzanlagen *Write-downs of financial assets*

Ergebnis der gewöhnlichen Geschäftstätigkeit (Gewinn vor Steu-ern) EBT *(Result from ordinary operations)*

Außerordentliche Erträge *Extraordinary income*

Außerordentliche Aufwendungen *Extraordinary expenses*

Außerordentliches Ergebnis *Extraording result*

Steuern vom Einkommen und vom Ertrag *Taxes on income*

Sonstige Steuern *Other taxes*

Jahresüberschuss/-fehlbetrag *Netprofit/Net loss for the period*

Bilanz *Balance Sheet*

AKTIVA

A. Anlagevermögen *Current assets*

I. Immaterielle Vermögensgegenstände *Intangible assets*
1. Konzessionen, gewerbliche Schutzrechte *Concessions, industrial property right*
2. Geschäfts- oder Firmenwert *Goodwill*
3. geleistete Anzahlungen *Prepayments*

II. Sachanlagen, *Tangible assets*
1. Grundstücke, grundstücksgleiche Rechte und Bauten einschließlich der Bauten auf fremden Grundstücken *property, leasehold rights and buildings including buildings on third party land*
2. technische Anlagen und Maschinen *Technical equipment and machines*
3. andere Anlagen, Betriebs- und Geschäftsausstattung *operating and office equipment*
4. geleistete Anzahlungen und Anlagen im Bau *Prepayments, plants under construction*

III. Finanzanlagen, Financial *assets*
1. Anteile an verbundenen Unternehmen *shares in affiliated companies*
2. Ausleihungen an verbundene Unternehmen *Loans to affiliated companies*
3. Beteiligungen *Investments*
4. Wertpapiere des Anlagevermögens *Long term securities*
5. sonstige Ausleihungen *Other loans*

227

B. Umlaufvermögen *current assets*

  I. Vorräte *Inventories*
1. Roh-, Hilfs- und Betriebsstoffe *Raw materials and supplies*
2. unfertige Erzeugnisse, unfertige Leistungen *Work in progress*
3. fertige Erzeugnisse und Waren *Finished goods*
4. geleistete Anzahlungen *Prepayments*

  II. Forderungen und sonstige Vermögensgegenstände *Receivables and other assets*
1. Forderungen aus Lieferungen und Leistungen *Trade receivables*
2. Forderungen gegen verbundene Unternehmen *Receivables from affiliated companies*
3. sonstige Vermögensgegenstände *Other assets*

  III. Wertpapiere Securities
1. Anteile an verbundenen Unternehmen *Shares in affiliated companies*
2. eigene Anteile *Own shares*
3. sonstige Wertpapiere *Other securities*

  IV. Schecks, Kassenbestand, Guthaben bei Kreditinstituten *Cheques, cash-on-hand, bank balances*

C. Rechnungsabgrenzungsposten *Prepaid expenses*

PASSIVA

A. **Eigenkapital** *Equity*

   I. Gezeichnetes Kapital *Subscribed capital*

  II. Kapitalrücklage *Capital reserves*

 III. Gewinnrücklagen *Transfers to reserves*
   1. gesetzliche Rücklage *Statutory reserve*
   2. Rücklage für eigene Anteile *Reserve for treasury stock*
   3. satzungsmäßige Rücklagen *Statutory reserve*
   4. andere Gewinnrücklagen *Other reserves*

 IV. Gewinnvortrag/Verlustvortrag *Retaines earnings/losses brought forward*

  V. Jahresüberschuss/Jahresfehlbetrag *Net income/loss for the year*

B. **Rückstellungen** *Provisions*

   1. Rückstellungen für Pensionen und ähnliche Verpflichtungen *Provisions for pensions and similar obligations*
   2. Steuerrückstellungen *Tax Provisions*
   3. sonstige Rückstellungen *Other Provisions*

Verbindlichkeiten *Liabilities*

   1. Anleihen *Loans*
   2. Verbindlichkeiten gegenüber Kreditinstituten *Liabilities to banks*
   3. erhaltene Anzahlungen auf Bestellungen *Advance payments received on orders*
   4. Verbindlichkeiten aus Lieferungen und Leistungen *Trade payables*
   5. Verbindlichkeiten gegenüber Unternehmen, mit denen ein Beteiligungsverhältnis besteht *Liabilities to associated companies*
   6. sonstige Verbindlichkeiten *Other Liabilities*

D. **Rechnungsabgrenzungsposten** *Deferred income*

4 Formulierungen und Textbausteine für den Schriftverkehr

Selbst bei guten Englischkenntnissen bestehen häufig Unsicherheiten hinsichtlich der in der schriftlichen Korrespondenz gebräuchlichen Formalien. Mit den folgenden Formulierungen und Textbausteinen für den Schriftverkehr sind Sie bestens gerüstet für die geschäftliche Korrespondenz.

Die Formulierungen sind nach Themen geordnet. Einen inhaltlichen Überblick mit Verweisen auf die entsprechenden Seitenzahlen finden Sie auf der folgenden Seite.

Ein kurzer Wegweiser für das folgende Kapitel:

Briefe beginnen

Wir danken Ihnen für Ihr Schreiben vom ...

Thank you for your letter dated ...

Wir haben Ihr Schreiben vom ... erhalten.

We have received your letter of ...

Besten Dank für Ihr Schreiben vom ... mit der Mitteilung, dass ...

Thank you for your letter dated ... advising us that/informing us that ...

Wir haben uns über Ihre Anfrage vom ... gefreut

We were glad/pleased to receive your enquiry dated ...

Wir beziehen uns auf Ihre Anfrage vom ...

We refer to your enquiry of ...

Wir freuen uns über Ihr Interesse an ...

We appreciate your interest in ...

Wunschgemäß senden wir Ihnen ...

As requested we are sending you ...

Wir entnehmen Ihrem Schreiben vom…, dass ...

We note from your letter dated ... that…

Es freut uns zu hören, dass ...

We are pleased to hear that .../We are glad to hear that ...

Mit Bezug auf unser vorhergehendes Schreiben möchten wir darauf hinweisen, dass…

Referring to our previous letter, we wish to point out that ...

In unserem letzten Schreiben vom… haben wir erklärt, dass ...

In our last letter dated ... we explained that ...

Das deutsche Generalkonsulat hat uns freundlicherweise Ihre Anschrift zur Verfügung gestellt.

The German Consul General has kindly provided us with your address.

Die Deutsch-Amerikanische Handelskammer hat uns mitgeteilt, dass Sie sich für ... interessieren.

We have been advised by the German-American Chamber of Commerce that you are interested in ...

Briefe beenden

Wir freuen uns auf eine baldige
Antwort.

We are looking forward to hearing
from you soon.

Wir freuen uns darauf, mit Ihnen
ins Geschäft zu kommen.

We look forward to doing business
with you.

Wir hoffen, in der nahen Zukunft
von Ihnen zu hören.

We look forward to hearing from
you in the near future.

Ich hoffe, bald von Ihnen zu hören.

I hope to hear from you shortly.

Wir wären sehr dankbar, von Ihnen so bald wie möglich zu hören.

We would be extremely grateful to
hear from you as soon as possible.

Ich würde eine sofortige Antwort
sehr schätzen.

A prompt reply would be much/
greatly appreciated.

Dürfen wir bald von Ihnen hören?

May we hear from you soon?

Da die Sache äußerst eilig ist, antworten Sie bitte innerhalb der
nächsten Tage.

As this matter is extremely urgent,
please let us have a reply within the
next few days.

Bitte behandeln Sie diese Sache als
äußerst dringend.

Please treat this matter with the
greatest urgency.

Antworten Sie uns bitte unbedingt
bis nächsten Dienstag.

Kindly let us have your reply by
next Tuesday without fail.

Wir wären für eine Antwort mög-
lichst/spätestens bis zum ... dankbar.

We would appreciate an answer by
… if possible/at the latest.

Bitte teilen Sie uns bald Ihren Bedarf mit.

Please let us know your requirements soon.

Sich können sich auf die sorgfältige
Ausführung Ihres Auftrags verlas-
sen.

You can rely on the careful execution of your order.

Wir versichern Ihnen, dass Ihr
Auftrag zu Ihrer vollen Zufrieden-
heit ausgeführt wird.

We assure you that your order will
be performed to your entire satis-
faction.

Anfragen/um Informationen bitten

Wir benötigen .../Wir haben Bedarf an...	We need.../We are in need of.../We require.../We are in the market for ...
Da wir viele Anfragen von Kunden wegen ... erhalten haben ...	As we have received many inquiries from clients for ...
Bitte senden Sie uns vollständige Angaben über ...	Please send us complete details on .../We should welcome detailed information on ...
Bitte senden Sie uns Muster Ihrer ...	Will you please send us samples of your ...
Für die Zusendung Ihres illustrierten Katalogs wären wir Ihnen dankbar.	We should be pleased to receive your illustrated catalogue.
Bitte teilen Sie uns mit, wann Sie frühestens liefern können.	Please let us know the earliest date of delivery.
Der Besuch Ihres Vertreters wäre uns angenehm.	A visit from your representative would be appreciated.

Termine regeln

Am Dienstag, dem ..., werde ich wieder in Heidelberg sein.	I shall again be in Heidelberg on Tuesday ...
Bitte schlagen Sie einen anderen Tag vor, falls Ihnen dieser Termin nicht passt.	Please suggest an alternative day if this date does not suit you.
Eine Nachricht wird mich im Büro erreichen.	A message will reach me in the office.
Ich freue mich darauf, Sie wieder zu sehen.	It will be a pleasure to see you again.
Ich freue mich, Sie zu treffen.	I look forward to meeting you.
Ich würde die Gelegenheit begrüßen, das Problem mit Ihnen persönlich zu besprechen.	I would welcome the opportunity of discussing the problem with you personally.

Ich würde mich freuen, wenn Sie eine Zeit und ein Datum vorschlagen würden, um ...	I would be pleased if you would suggest a time and date to ...
Ich würde Sie gerne aufsuchen ...	I would like to call on you ...
Vielleicht könnten Sie sich mit mir so bald wie möglich in Verbindung setzen.	Maybe you could contact me as soon as possible.
Wäre es überhaupt möglich, einen anderen Termin zu vereinbaren?	Would it be at all possible to arrange another meeting?
Wenn Sie mich anrufen, wäre es vielleicht möglich, einen Termin irgendwann im nächsten Monat zu vereinbaren.	If you gave me a ring it would be perhaps possible to arrange a meeting sometime next month.
Würde Ihnen ... um ... passen?	Would ... on ... be convenient?
Ein Termin am Nachmittag würde mir besser passen.	An afternoon appointment would suit me best.
Leider muss ich das vereinbarte Zusammentreffen für den ... verschieben.	Unfortunately I will have to postpone the appointment made for ...
Leider müssen wir das Treffen am nächsten ... absagen.	We are sorry but we must cancel the meeting planned for next ...
Vielen Dank für Ihre freundliche Einladung.	Thank you very much for your kind invitation.
Es hat mich äußerst gefreut, Ihrem Schreiben vom ... zu entnehmen, dass Sie im März in Heidelberg sein werden.	I was most pleased to learn from your letter dated ... that you will be in Heidelberg in March.

Angebote machen

Wir haben Ihr Schreiben vom ... erhalten, dem wir zu unserer Freude entnehmen, dass Sie Interesse an unseren Dienstleistungen haben.	We have received your letter of ..., from which we are pleased to note that you are interested in our services.

Beiliegend senden wir Ihnen vollständige Angaben über Preise, Mengen, Verkaufsbedingungen sowie über Liefertermine.

Enclosed you will find full information/details about prices, quantities, conditions/terms of sale as well as delivery dates.

Unsere Preise schließen Verpackung und Transport ein.

Our prices include packing and carriage.

Unsere Preise verstehen sich ... ·

Our prices are .../our prices are quoted ...

Wir gewähren einen Händlerrabatt von 30 % auf unsere Listenpreise.

We grant a trade discount of 30 % on our list prices.

Die in unserer Preisliste angegebenen Mengenrabatte richten sich nach der Größe der Bestellung.

The quantity discounts indicated in our price list vary according to the size of the order.

Auf unsere Katalogpreise gewähren wir Ihnen einen Sonderrabatt von 10 %.

Our catalogue prices are subject to a special discount of 10 %.

Die Waren können sofort nach Eingang Ihrer Bestellung geliefert werden.

The goods can be delivered immediately on receipt of your order.

Die Lieferung erfolgt so bald wie möglich.

Delivery will be effected as soon as possible.

Dieses Angebot ist fest bei sofortiger Annahme, sonst freibleibend.

This offer is firm subject to immediate acceptance, otherwise without engagement.

Unser Angebot ist gültig bis ...

This offer is valid until …

Das Angebot ist freibleibend/unverbindlich.

The offer is not binding.

Preisänderungen vorbehalten.

Prices are subject to change without notice.

Ein Probeauftrag wird Sie von unserer Leistungsfähigkeit überzeugen.

A trial order will convince you of the efficiency of our service.

Aufträge erteilen

Wir danken Ihnen für Ihr Angebot vom… und bitten um Zusendung von…

We thank you for your quotation of… and should be glad if you would send us…

Wir legen Bestellung Nr…. bei.

We enclose/We are sending you enclosed purchase order no…

Bitte merken Sie folgenden Auftrag zur sofortigen Lieferung vor:…

Please enter/book the following order for immediate delivery:…

Bitte senden Sie mir folgende Artikel unter Belastung meines Kontos: …

Please send me the following articles and charge them to my account:…

Bitte liefern Sie uns die nachstehend einzeln aufgeführten Waren:

Please supply us with/kindly send us the goods specified below:

Liefern Sie mir bitte die folgenden Artikel postwendend:

Please supply me with the following goods by return:

Die Qualität der Waren muss mit der Qualität der gelieferten Muster übereinstimmen.

The quality of the goods must correspond to that of the samples submitted.

Wir müssen darauf aufmerksam machen, dass sorgfältige Verpackung unbedingt erforderlich ist.

We must point out that careful packing is essential.

Die Waren müssen unbedingt bis Ende nächster Woche geliefert werden.

The goods must be delivered, without fail, by the end of next week.

Wir bitten um prompte Bestätigung dieses Auftrags und Angabe des frühesten Liefertermins.

Please acknowledge this order promptly, giving earliest delivery date.

Wir behalten uns das Recht vor, die Bestellung zurück zu nehmen, wenn die Lieferung nicht bis zum 1. März erfolgt.

We reserve the right to cancel the order if delivery is not made by 1st March.

Genaue Anweisungen bezüglich Verpackung und Beschriftung/Markierung folgen.

Detailed instructions regarding packing and shipping marks will follow.

Diese Bestellung wird auf Grund unserer Allgemeinen Geschäftsbedingungen erteilt.

This order is subject to our General Terms and Conditions.

Wir hoffen, dass Sie diesen Auftrag mit der gewohnten Pünktlichkeit erledigen werden.

We trust that you will give this order your usual prompt attention.

Aufträge bestätigen

Wir danken Ihnen für Ihren Auftrag, den wir wie folgt bestätigen: ...

We thank you for your order, which we acknowledge as follows: ....

Vielen Dank für Ihren Auftrag. Die Waren werden in wenigen Tagen abgeschickt werden.

Many thanks for your order. The goods will be despatched within a few days.

Wir haben mit der Ausführung Ihres Auftrags bereits begonnen und werden uns bemühen, die Waren bis Ende der nächsten Woche fertig zu stellen.

Your order has been put in hand, and we shall do our best to have the goods ready by the end of next week.

Wir werden uns nach Kräften bemühen, die Fertigstellung Ihres Auftrags zu beschleunigen.

We shall do our utmost to speed up the completion of your order.

Wir werden Ihren Spediteur benachrichtigen, sobald die Sendung abholbereit ist.

We shall notify your forwarding agent as soon as the consignment is ready for collection.

Wir können sofort versenden, da alle Waren ab Lager lieferbar sind.

We can deliver at once as/since all goods are available from stock.

Die Lieferung kann vor... erfolgen.

We can effect delivery before...

Wir werden der Ausführung Ihres Auftrags besondere Sorgfalt widmen.

Special care will be devoted to the execution of your order.

Wir hoffen, dass dieser Erstauftrag zu weiteren Geschäften führen wird.

We hope that this first order will lead to further business.

Wir würden uns freuen, wenn Sie bei weiterem Bedarf auf uns zurückkämen.

We should be glad if you made use of our services in the event of further requirements.

Aufträge ablehnen

Wir bedauern, dass wir nicht in der Lage sind, die von Ihnen in Auftrag gegebenen Leistungen zu erfüllen.

We regret that we cannot supply the services you ordered.

Wir müssen Sie um Verständnis dafür bitten, dass wir Ihre Bestellung nicht annehmen können.

We must ask for your understanding that we are not able to accept your order.

Wir können den Auftrag zu den von Ihnen vorgeschriebenen Preisen nicht ausführen.

We cannot execute your order at the prices stipulated.

Leider führen wir diesen Artikel nicht mehr.

Unfortunately we no longer stock this item.

Leider sind wir nicht in der Lage, die bestellten Waren zu liefern.

Unfortunately we are not in a position to supply the goods you ordered.

Wir können keinen sofortigen Versand garantieren, da viele Waren knapp sind.

We are unable to guarantee immediate delivery as many goods are in short supply.

Unsere Lieferanten waren nicht imstande, mit den Aufträgen Schritt zu halten.

Our suppliers were unable to keep up with orders.

Die Nachfrage war so groß, dass ...

Demand was so great that ...

Unsere Vorräte sind erschöpft.

Our stock has been exhausted/used up.

Wir haben Ihre Bestellung an unsere Vertretung weitergegeben.

We have passed your order on to our agents.

Wir hoffen, dass Sie unsere Lage verstehen.

We trust/hope you will understand our position.

Beschwerden einlegen

Zu unserem Bedauern müssen wir Ihnen mitteilen, dass Ihre letzte Sendung nicht zu unserer Zufriedenheit ausgefallen ist.	We are sorry to tell you that your last consignment has not turned out to our satisfaction.
Wir müssen Ihnen leider mitteilen, dass ...	Unfortunately we have to tell you that/We regret to inform you that ...
Leider müssen wir wegen ... reklamieren.	Unfortunately we must complain about ...
Wir müssen darauf bestehen, dass...	We must insist that ...
Wir können diese Waren nicht akzeptieren, da ...	We cannot accept these goods as ...
Wie haben für die schlechte Qualität, die Sie uns sandten, keine Verwendung.	We have no use for the poor quality you sent us.
Wir sind bereit, die Waren zu behalten, wenn Sie uns einen Preisnachlasss von 20 % gewähren.	We are prepared to keep the goods if you reduce the price by 20 %.
Bitte teilen Sie uns die Höhe des Preisnachlasses mit, den Sie uns zu gewähren bereit sind.	We should be glad to hear of the discount you are prepared to make.
Bitte senden Sie uns so bald wie möglich Ersatz für diese Waren.	Please send us replacements for these goods as soon as possible.
Wenn die Sendung nicht bis... hier eintrifft, sehen wir uns gezwungen, den Auftrag zu stornieren.	Should the consignment fail to arrive here by..., we see ourselves forced to cancel the order.
Bitte teilen Sie uns mit, was Sie in dieser Sache zu tun gedenken.	Please let us know what you intend to do in this matter.
Wir erwarten Ihre Antwort.	We look forward to your reply.
Diese Angelegenheit hat uns viel Ärger bereitet.	This has been a matter of great annoyance to us.

Wir hoffen, dass ein solcher Fehler nicht wieder vorkommt.

We hope that such an error will not occur again.

Wir erwarten, dass Sie unsere Bestellungen in Zukunft mit größerer Sorgfalt ausführen werden.

We expect you to devote more care to the execution of our orders in future.

Wir würden es begrüßen, wenn Sie sich bemühten, ähnliche Vorkommnisse in Zukunft zu vermeiden.

Your efforts to avoid similar occurences in the future will be appreciated.

Auf unser Schreiben vom… haben wir noch keine Antwort erhalten.

We are still without reply to our letter of…

Wir können uns nicht erklären, warum Sie unsere Schreiben vom … unbeantwortet ließen.

We are at a loss to understand the reason for your failure to answer our letters of …

Zahlung veranlassen

Zum Ausgleich Ihrer Rechnung senden wir Ihnen in der Anlage einen Verrechnungsscheck über £… auf die District Bank Ltd., Manchester.

In settlement of your invoice we enclose crossed cheque for £ … on District Bank Ltd., Manchester.

Wir haben unsere Bank angewiesen, den Betrag von £… auf Ihr Konto bei der Barclays Bank Ltd., Bedford, zu überweisen.

We have instructed our bank to transfer the amount of £ … to your account with Barclays Bank Ltd., Bedford.

Wir haben die Zahlung in Höhe von £… durch die N.I.T. Bank vorgenommen.

We have arranged payment through the N.I.T. Bank for the amount of £ …

Wir haben den Betrag auf Ihr Konto überwiesen.

We have transferred the amount to your account.

Wir fügen einen Scheck über den Rechnungsbetrag bei.

We enclose a cheque covering the amount of your invoice.

Wir werden einen Scheck über £ … ausstellen.

We will make out a cheque for £ …

Wir legen einen Bankscheck über £… bei, der Ihre Rechnung nach Abzug von 2 % Skonto deckt.

We enclose a bank draft for £ …, which covers your invoice after deduction of 2 % cash discount.

Wir werden pünktlich innerhalb der vereinbarten Zeit bezahlen.

We will pay promptly within the agreed time.

Um Zahlung ersuchen

Für baldigen Ausgleich unserer Rechnung wären wir dankbar.

We should appreciate an early settlement of our invoice.

Wir würden uns freuen, Ihre Zahlung in den nächsten Tagen zu erhalten.

We should be glad to receive your remittance within the next few days.

Wir müssen Sie bitten, die Zahlung unverzüglich vorzunehmen.

We must request you to let us have your payment without further delay.

Wir sehen dem Empfang Ihrer Zahlung über £ … entgegen.

We look forward to receiving your payment of £…

Mahnen

Wir möchten Sie auf unsere Rechnung vom … aufmerksam machen, die bereits vor … Tagen fällig war.

We wish to call your attention to our invoice of …, which is now … days overdue.

Dürfen wir Sie daran erinnern, dass die folgenden Rechnungen noch nicht beglichen sind: …

May we remind you that the following invoices have not yet been paid: …

Bei Durchsicht unserer Bücher haben wir festgestellt, dass auf Ihrem Konto noch immer ein Saldo von … offen steht.

While looking through our books we noted that a balance of … is still open on your acount.

Dies ist lediglich eine freundliche Erinnerung daran, dass unsere Rechnung Nr. … noch nicht bezahlt ist.

Please accept this as a friendly reminder that our invoice no … is overdue.

Auf unser Schreiben vom ... haben wir noch keine Antwort erhalten. Auch ist bisher keine Zahlung eingegangen.

We are still without reply to our letter of ... and no remittance has yet been received.

Anscheinend haben Sie unseren Kontoauszug für den Monat Juni übersehen.

Evidently our statement for the month of June has been overlooked by you.

Trotz wiederholter dringender Bitten um Begleichung unserer Rechnung haben wir noch immer nichts von Ihnen gehört.

Despite repeated urgent requests for payment of our invoice we have still received no reply from you.

Obwohl wir mehrmals dringend um Zahlung der seit längerer Zeit fälligen Rechnung in Höhe von ...baten, haben wir noch keine Antwort von Ihnen erhalten.

Although we have several times urgently requested payment of your long overdue account in the amount of ..., we have not yet received a reply from you.

Anscheinend sind Sie nicht daran interessiert, die Angelegenheit gütlich zu regeln, da Sie unsere bisherigen Schreiben unbeachtet ließen.

Evidently you are not interested in settling this matter amicably since you have ignored our previous letters.

Dies ist unsere letzte Mahnung.

This is our final request for payment.

Sie werden sicher verstehen, dass wir nicht länger auf Bezahlung warten können.

You will surely appreciate the fact that we can wait no longer for payment.

Wir müssen auf Zahlung bestehen.

We must insist on payment.

Bitte prüfen Sie den Kontoauszug und teilen Sie uns mit, ob es irgendwelche Unstimmigkeiten gibt.

Please check the statement and inform us if there are any discrepancies.

Wir bedauern, Ihnen mitteilen zu müssen, dass wir keine andere Wahl haben, als alle weiteren Lieferungen an Sie einzustellen, bis Ihr Konto ausgeglichen ist.

We regret to inform you that we have no alternative but to hold up further shipments until your account has been balanced.

Falls wir Ihren Scheck nicht innerhalb der nächsten ... erhalten, müssen wir die Angelegenheit unserem Rechtsanwalt übergeben.	Unless we receive your cheque within the following ..., we see ourselves compelled to put the matter in the hands of our solicitor.
Falls die Zahlung nicht bis zum ... eingeht, werden wir den Betrag durch eine Inkassofirma einziehen lassen.	Unless payment is received by ..., we shall have the amount collected through a collection agency.
... sind wir gezwungen, gerichtliche Schritte zu unternehmen.	... we shall be forced to take legal steps.
... sind wir gezwungen, die Forderung auf gerichtlichem Wege einzutreiben.	.... we shall be forced to recover the debt at law.
... werden wir unseren Anwalt beauftragen, Klage zu erheben.	... we shall instruct our solicitor to begin legal proceedings.
Wenn Sie Ihren Scheck bereits abgeschickt haben, danken wir Ihnen und bitten Sie, dieses Schreiben als gegenstandslos zu betrachten.	If your cheque is already in the mail, please accept our thanks and disregard this letter.

Um Zahlungsaufschub bitten

Wir haben Ihr Schreiben vom ... erhalten und bedauern, dass es notwendig war, uns an die Erledigung Ihrer Rechnung Nr ... zu erinnern.	We have received your letter of ... and are sorry that it was necessary to remind us of the settlement of your invoice no ...
Bitte entschuldigen Sie die Verzögerung, die darauf zurückzuführen ist, dass Ihre Rechnung verlegt worden war.	Please accept our apologies for the delay, which is due to the fact that your invoice was misplaced.
Es tut uns äußerst Leid, dass Sie auf die Zahlung warten mussten.	We are very sorry indeed that you had to wait for payment.

Es scheint, dass wir Ihre Zahlungsbedingungen nicht völlig verstanden haben.

It would appear that we have not fully understood your terms of payment.

Wir sind unseren Zahlungsverpflichtungen bisher immer nachgekommen.

We have always met our payment obligations.

Infolge unvorhersehbarer Umstände war es uns unmöglich, Ihre letzte Rechnung laut dem Auftrag zu begleichen.

As a consequence of circumstances entirely beyond our control we were unable to settle your invoice in accordance with the order.

Der plötzliche Konkurs eines unserer Kunden hat uns beträchtliche Verluste verursacht.

The sudden failure of a customer of ours has caused us considerable losses.

Wir haben große Schwierigkeiten beim Einzug unserer Außenstände.

We have great difficulties in collecting our outstanding accounts.

Während der letzten Monate war ein schlechter Geschäftsgang zu verzeichnen.

Business has been slow during the past few months.

Die jahreszeitlich bedingte Flaute hat uns vorübergehend in finanzielle Verlegenheit gebracht.

The seasonal lull has caused us temporary financial embarrassment.

Daher müssen wir um Zahlungsaufschub bitten.

Therefore we have to ask for a postponement of payment.

Wir bedauern sehr, Sie um Aufschub bitten zu müssen.

We regret having to request an extension.

Angesichts unserer Schwierigkeiten müssen wir Sie um eine Kreditverlängerung bitten.

In view of our problems, we are forced to ask for an extension of credit.

Unsere gegenwärtigen Schwierigkeiten sind nur vorübergehend.

Our current difficulties are only of a temporary nature.

Wir beabsichtigen, die Rechnung bis zum Ende des Monats zu begleichen.

We intend to pay the bill by the end of the month.

Wir werden alle Anstrengungen unternehmen, um die Rechnung bis Ende ... zu bezahlen.

We are making every effort to pay the bill by the end of ...

Wir bitten Sie, so freundlich zu sein, und uns noch einige Wochen bis zur Zahlung des Betrags zu gewähren.

Please be good enough to grant us a few further weeks in which to pay the amount.

Wir hoffen, dass Sie für unsere augenblickliche schwierige Lage Verständnis haben werden.

We hope that you will understand the difficulty of our present situation.

Kreditauskunft einholen

Die auf dem beigefügten Bogen genannte Firma hat uns Ihren Namen als Referenz angegeben.

The firm mentioned on the enclosed slip has given us your name as a reference.

Wir sind an Sie von ... verwiesen worden.

We have been referred to you by ...

Die Firma ... möchte mit uns in Geschäftsverbindung treten.

Messrs. ... wish to enter into business relations with us.

Da uns diese Firma unbekannt ist ...

As this firm is unknown to us ...

Da wir mit dieser Firma zuvor keine Geschäfte getätigt haben ...

As we have not done business with this firm before ...

Wir wären Ihnen dankbar, wenn Sie uns über die betreffende Firma Auskunft erteilten.

We would appreciate your giving us information about the firm in question.

Wir wären Ihnen dankbar, wenn Sie uns Näheres über ... mitteilen könnten.

We should be glad if you would give us some details concerning ...

Halten Sie die Firma in dieser Höhe für kreditwürdig?

Do you consider the firm good for such an amount of credit?

Bis zu welchem Betrag könnten wir Ihrer Meinung nach ohne Risiko gehen?	To what amount do you think we could safely go?
Für jede weitere Auskunft, die Sie uns geben könnten, wären wir Ihnen dankbar.	Any other information you could supply would be appreciated.
Wir sind gern bereit, Ihnen ggf. einen gleichen Dienst zu erweisen.	We are ready to render you a similar service if the occasion arises.
Zu Gegendiensten sind wir stets gern bereit.	We shall always be glad to reciprocate this favour at any time.
Wir versichern Ihnen, dass jede Auskunft streng vertraulich behandelt wird.	We assure you that any information will be treated in strict confidence.
Sie können sich darauf verlassen, dass wir Ihre Auskunft mit größter Verschwiegenheit behandeln werden.	You can rely on our treating your information with the utmost discretion.

Kreditauskunft geben

Die Geschäftsinhaber genießen in Geschäftskreisen einen guten Ruf.	The owners of this firm enjoy a good reputation in business circles.
Unserer Meinung nach sind die Inhaber vertrauenswürdige Geschäftsleute.	In our opinion, the owners are trustworthy businessmen.
Es handelt sich um alteingesessene Kaufleute, die uneingeschränktes Vertrauen genießen.	They are old-established traders who enjoy unquestionable confidence.
Seit 5 Jahren zählt die Firma zu unseren regelmäßigen Kunden.	They have been regular customers of ours for the past five years.
Die betreffende Firma ist in Höhe von … kreditwürdig.	The firm in question is safe/good for …
Wir glauben nicht, dass Sie irgendein Risiko eingehen, wenn Sie der Firma einen Kredit bis zu … gewähren.	We think that you will not be taking any risk in granting them a credit up to …

Sie verfügen über beträchtliche finanzielle Mittel.

They have considerable funds at their disposal.

Sie sind ihren Zahlungsverpflichtungen immer pünktlich nachgekommen.

They have always met their commitments punctually.

Wir wissen aus zuverlässiger Quelle, dass ...

We have learnt from reliable sources that ...

In Beantwortung Ihres Schreibens vom ... bedauern wir, Ihnen mitteilen zu müssen, dass es uns nicht ratsam erscheint, der betreffenden Firma Kredit zu gewähren.

In reply to your letter of ... we regret to inform you that we do not consider it advisable to grant any credit to the firm in question.

Unsere Erfahrungen mit dieser Firma sind leider nicht immer zufriedenstellend gewesen.

Our experience with this firm has not always been satisfactory.

Wir haben erfahren, dass die betreffende Firma beträchtliche Verluste erlitten hat.

We have heard that the firm concerned has suffered considerable losses.

Die Firma soll sich in einer schwierigen finanziellen Lage befinden.

They are reported to be in a precarious financial position.

In den letzten Monaten sind die Zahlungen schleppend eingegangen.

During the last few months there have been repeated delays in payment.

Anscheinend verfügt die Firma nicht über genügend Kapital.

It seems that the firm is insufficiently provided with capital.

Sie sollen mit ihren Gläubigern einen Vergleich geschlossen haben.

They are said to have made an arrangement with their creditors.

Wir haben gehört, dass die Firma kurz vor dem Konkurs steht.

We have heard that the firm is on the point of going bankrupt.

Deshalb raten wir Ihnen zu Vorsicht.

Therefore we would advise you to act with caution.

Selbstverständlich erteilen wir diese Auskunft unverbindlich und streng vertraulich.

It is understood that this information is given in strict confidence and without any responsibility on our part.

Wir bitten um vertrauliche Behandlung dieser Auskunft.	May we ask that you treat this information as confidential.

Gewinn und Verlust machen

Da unser Zulieferant Konkurs anmelden musste ...	Since our supplier had to file for bankruptcy..
Wir können unsere Verluste nicht ausgleichen.	We cannot offset our losses.
Wir müssen eine feindliche Übernahme befürchten.	We have to fear a hostile take-over.
Wir sollten nicht unser ganzes Geld investieren.	We shouldn't put all our money in.
Unter dem Strich sind wir in den roten Zahlen.	The bottom line is that we're in the red.
Das Wichtigste ist, dass wir kostendeckend arbeiten.	The most important thing is that we break even.
Unsere Preise sind fest.	Our prices are firm.
Anscheinend hat unser Kunde die Bücher frisiert.	It seems that our customer cooked the books.
Bei diesem Geschäft steht eine Menge auf dem Spiel.	There's a lot of money at stake in this venture.

Bankangelegenheiten regeln

Bitte eröffnen Sie ein Konto.	Please open an account.
Bitte schließen Sie das Konto Nr ...	Please close account no ...
Wir wären dankbar, wenn Sie uns einen Kredit von ... gewähren würden.	We would be grateful if you would arrange a credit of ...

Bitte gewähren Sie uns ein Darlehen von ... für die Zeit von ...	Please allow us a loan of ... for a period of ...
Bitte veranlassen Sie die Überweisung von ... am ersten dieses Monats.	Please arrange transfer of the amount of ... on the first of this month.
Bitte überweisen Sie ... von unserem laufenden Konto bei Ihrer Geschäftsstelle auf das Konto der Firma ... bei Ihrer Zweigstelle in ...	Please be kind enough to transfer ... from our account at your branch to the account of ... at your ... branch.
Bitte sperren Sie die Zahlung des obigen Schecks.	Please stop payment of the above cheque.
Bitte stellen Sie mit Wirkung vom ... die monatlichen Zahlungen an ... ein.	Please discontinue/cease the monthly payments to ... with effect from ...
Der Scheck ist anscheinend in der Post verloren gegangen.	The cheque seems to have been lost in the post.
Um Ihre Kreditwürdigkeit einschätzen zu können ...	In order to be able to evaluate your credit standing ...
Welche Sicherheiten können Sie anbieten?	What kind of securities can you offer?
Wir können Ihnen den folgenden Kreditrahmen anbieten.	We can offer you the following line of credit.
Wir freuen uns, Ihren Kredit über ... bestätigen zu können.	We are pleased to confirm your credit of ...
Bitte teilen Sie uns die Laufzeit des Darlehens mit.	Please let us know the term of the loan.
Sie müssen hierfür Kapitalertragssteuern zahlen.	For this you have to pay capital gains tax.

Finanzen und Buchhaltung

Eine Rechnungsprüfung vornehmen.	Audit the accounts.

Die finanziellen Angelegenheiten einer Firma regeln.	Deal with the company's financial affairs.
Die Finanzen verwalten.	Manage the finances.
Wir werden Ihnen nächste Woche die Zahlen präsentieren.	We will present the figures next week.
Bitte verhandeln Sie mit der Finanzbehörde.	Please negotiate with the tax authorities.
Bewirtungskosten sind steuerlich abzugsfähig.	Entertainment expenses are tax deductible.
Sie müssen die Mehrwertsteuer abführen.	You have to pay value added tax.
Mehrwertsteuer ist ein Durchlaufposten.	Value added tax is a transitory item.
Firmenwagen können über 4 Jahre abgeschrieben werden.	Company cars can be written off over 4 years.
Vermögenswerte erscheinen in der Bilanz.	Fixed assets appear in the balance sheet.
Wenn Sie die Bücher nicht ordentlich abschließen, bekommen Sie Probleme mit den Behörden.	If you don't balance the books, you'll have problems with the tax authorities.
Sie scheinen ihre Bücher gefälscht zu haben.	They seem to have cooked their books.
Bitte prüfen Sie die Bilanz, bevor wir sie veröffentlichen.	Please check the balance sheet before we publish it.
Wir müssen eine Gewinn- und Verlustrechnung aufstellen.	We have to create a profit and loss account.
Wir können unsere Gewinne nicht voraussagen.	We cannot predict our profits.
Bitte berechnen Sie die Herstellungskosten.	Please calculate the production costs.
Wie hoch sind die Ist-Kosten?	What are the actual costs?

Wir müssen die Inflation einkalkulieren.	We have to allow for inflation.
Ich möchte eine Preiskontrolle einführen.	I want to establish control over prices.
Wenn wir unsere Verbindlichkeiten nicht überwachen, ...	If we don't monitor our liabilities ...
In unseren Bedingungen steht, dass der Kunde im Voraus zahlt.	Our conditions state that the customer must pay in advance.
Wir müssen jeden einzelnen Monat Mahnungen versenden.	We have to send out reminders every single month.

5 Formulierungen und Textbausteine für die Kommunikation

Wie begrüßt man einen Gesprächspartner am Telefon? Wie signalisiert man in einem Gespräch Einverständnis oder Ablehnung? Wie kann man sich in einem Telefonat zu dem gewünschten Gesprächspartner weitervermitteln lassen?

Typische Redewendungen, die am Telefon oder in einem Gespräch ständig gebraucht werden finden Sie in diesem Kapitel. Die Formulierungen sind nach Themen geordnet. Die thematische Übersicht auf der folgenden Seite, mit Verweisen auf die entsprechenden Seitenzahlen, hilft Ihnen, gezielt nach den für Sie relevanten Inhalten zu suchen.

Ein kurzer Wegweiser für das folgende Kapitel:

Anrufe entgegennehmen

Globus Accountants. Guten Morgen. Sie wünschen?	Globus Accountants. Good morning. Can/May I help you?
...Bank Heidelberg. Guten Tag. Kann ich Ihnen helfen?	…Bank Heidelberg. Hello. Can I be of assistance?
Guten Tag. Was kann ich für Sie tun?	Hello. How can I help you?/What can I do for you?
Wen wünschen Sie zu sprechen?	Who would you like to speak to?
In welcher Abteilung arbeitet er/sie?	Which department is he/she in?
Kann ich sonst noch etwas für Sie tun?	Can I assist you in any other way?

Anrufe tätigen

Hier ist Jack Brown, Leiter der Buchhaltung. Guten Morgen.	Jack Brown here, head of accounting. Good morning.
Hier spricht Tom Smith von der Firma Satco.	This is Tom Smith of Satco speaking.
Hier ist Susan Child, Dr. Brains Sekretärin.	This is Susan Child, Dr. Brain's secretary.
Ich gebe Ihnen meinen Namen. Ich heiße Tom Smith.	I'll give you my name. It's Tom Smith.

Den Anrufer identifizieren

Würden Sie mir bitte Ihren Namen nennen?	Could you give me your name, please?
Darf ich Ihren Namen erfahren?	Could I ask your name, please?
Wen darf ich bitte melden?	Who shall I say is calling?

Mit wem spreche ich, bitte?	Could I ask who I'm speaking to?
Entschuldigen Sie, wie, sagten Sie, ist Ihr Name?	I beg your pardon, what did you say your name was?
Spreche ich mit SAT in Bonn?	Am I speaking to SAT in Bonn?
Herr Brain ...von welcher Firma, bitte?	Mr Brain ... from which company, please?
Wer ist bitte am Apparat?	Who is calling, please?
Können Sie das bitte buchstabieren?	Could you spell that, please?

Sich verbinden lassen/Anrufe verbinden

Können Sie mich bitte mit … verbinden?	Can you transfer me to .., please?
Verbinden Sie mich bitte mit Mr. Brain.	Please connect me with Mr Brain.
Könnten Sie mich mit Herrn X verbinden?	Could you put me through to Mr X, please?
Geben Sie mir bitte Ihre Buchhaltung.	Could you put me through to your accounts department, please?
Ich muss dringend mit Ihrem Controller sprechen. Es ist wichtig.	I really need to speak to your controller. It's urgent.
Ich stelle Sie durch.	I'm putting you through.
Bleiben Sie am Apparat. Sie werden verbunden!	Hold the line. You are being connected now.
Bleiben Sie bitte dran!	Hold on, please.
Sind Sie noch am Apparat?	Are you still holding?
Legen Sie nicht auf. Ich verbinde.	Don't hang up. I'll put you through.
Augenblick. Ich stelle Sie durch.	Just a moment, please. Putting you through.

Ich verbinde Sie mit der Kundendienstabteilung.	I'll pass you over to customer service.

Eine Nachricht hinterlassen

Wären Sie so freundlich, Frau Child etwas auszurichten?	Would you be so kind as to pass a message on to Ms Child?
Könnte ich eine Nachricht hinterlassen?	Could I leave a message, please?
Wäre es möglich, eine Nachricht zu hinterlassen?	Would it be possible to leave a message?
Würden Sie ihm bitte sagen, dass Bob Marley angerufen hat?	Would you please tell him that Bob Marley called?
Könnten Sie ihm sagen, dass ich angerufen habe?	Could you please tell him I phoned.
Könnten Sie Herrn Brain bitten, mich zurückzurufen?	Could you ask Mr Brain to call me back?
Sagen Sie ihm bitte, dass er sich mit mir in Verbindung setzen möchte.	Please tell him to get in touch with me.
Ich bin bis 3 Uhr Ihrer Zeit zu erreichen.	I'll be available till 3 p.m. your time.

Anrufe beenden

Ich störe Sie nun nicht mehr weiter bei Ihrer Arbeit.	I'd better let you get on with your work.
Es war nett, mit Ihnen zu sprechen.	It's been pleasant talking to you.
Ich würde mich freuen, wieder von Ihnen zu hören.	I'm looking forward to hearing from you.
Ich bin Ihnen sehr dankbar für Ihre Unterstützung.	We're very grateful for your assistance.

Kann ich sonst noch etwas für Sie tun?	Anything else I can do for you?
Ich glaube, das wäre im Moment alles.	Well, I guess that's all for now.
Vielen Dank für Ihren Anruf.	Thank you for your call. Thank you for calling.
Sie hören von mir.	You'll be hearing from me.
Ich rufe Sie wieder an.	I'll ring you again.
Sie hören bald wieder von mir.	I'll get back to you soon.
Auf Wiederhören einstweilen.	Goodbye for now.

Verständigungsschwierigkeiten

Ich fürchte, mein Englisch ist nicht sehr gut.	I'm afraid my English isn't very good.
Entschuldigen Sie, aber ich spreche nicht gut Englisch.	Excuse me, but I don't speak English very well.
Könnten Sie das bitte wiederholen?	Could you repeat that, please?
Könnten Sie bitte langsamer sprechen?	Could you speak more slowly, please?
Entschuldigen Sie bitte, aber das habe ich nicht mitbekommen.	I beg your pardon, but I missed that.
Ich weiß nicht, ob ich das richtig verstanden habe. Ich wiederhole.	I'm not sure whether I got that right. I'll repeat it.
Könnten Sie das buchstabieren?	Could you spell that for me?

Zahlen/Nummern buchstabieren

3022	three oh double two
4587665	four five eight seven double six five

Tel. (0471) 88035	telephone oh four seven one, double eight oh three five
Tel. 0101 (213) 582 9064	country code zero one zero one, area code two one three, and then five eight two nine zero six four

Das britische Telefonalphabet

A – Alfred	H – Harry	O – Oliver	V – Victor
B – Benjamin	I – Isaac	P – Peter	W – William
C – Charles	J – Jack	Q – Queen	X – X-ray
D – David	K – King	R – Robert	Y – Yellow
E – Edward	L – London	S – Samuel	Z – Zebra
F – Frederick	M – Mary	T – Tommy	
G – George	N – Nellie	U – Uncle	

Worte des Kennenlernens

Darf ich mich vorstellen?	Can/May I introduce myself?
Darf ich Sie bekannt machen?	May I introduce you?
Ich heiße Hans Krug.	I'm/My name's Hans Krug.
Ich sollte mich vielleicht vorstellen.	Perhaps I should introduce myself.
Mein Name ist Tom Dobson.	Tom Dobson's the name.
Verzeihung, ich habe Ihren Namen nicht verstanden.	Sorry, I didn't catch/get your name.
Ich glaube, wir sind uns schon einmal begegnet.	I think we've met before.
Ich bin aus Bonn. Wo kommen Sie her?	I'm from Bonn. Where are you from?

Ich bin auf Urlaub/Geschäftsreise hier.	I am here on holiday/on a business trip.
Sind Sie Herr X? Mein Name ist Y.	Mr X, isn't it? How do you do? My name is Y.
Ich bin von KPMG in Berlin.	I'm from KPMG in Berlin.
Mein Name ist ... Ich habe einen Termin mit Herrn/Frau ...	My name's ... I've an appointment with Mr/Ms ...
Guten Morgen. Ich bin Tom Prox. Sie müssen Herr Maier sein.	Good morning. My name is Tom Prox. You must be Mr Meier.
Freut mich, Ihre Bekanntschaft zu machen.	Pleased to make your acquaintance.
Freut mich, Sie kennen zu lernen.	Pleased/Glad to meet you.
Es war nett, Sie kennen zu lernen.	It was nice to meet you.
Ich hoffe, wir sehen uns mal wieder.	See you again, I hope.

Die Firma vorstellen

Unsere Firma wurde 1895 gegründet.	Our company was founded in 1895.
Wir sind eine Wirtschaftsprüfungsgesellschaft.	We're an auditing firm.
Wir sind Hersteller/Produzent von Autoersatzteilen.	We're an manufacturer/maker/producer of spare parts for cars.
Unsere Firma ist im Computergeschäft tätig.	Our company is involved/is active in the field of computers.
Unser Firmensitz ist in Frankreich.	Our head office/headquarters is located in France.
Unsere Muttergesellschaft hat ihren Sitz in der Schweiz.	Our parent company is Swiss-based.

Unsere Firma hat sich schnell vergrößert.	Our company has grown rapidly.
Wir sind innerhalb von 40 Jahren zum Marktführer aufgestiegen.	We've become the market leader within 40 years.
Wir sind in Europa einer der führenden Anbieter von Finanzdienstleistungen.	We're one of Europe's leading providers of financial services.
Wir beschäftigen über 300 Angestellte.	We employ over 300 people.
Wir richten eine Filiale in Ihrer Stadt ein.	We'll set up a branch in your town.
Die Firma hatte 2005 einen Umsatz von 10 Milliarden.	The company had a turnover of 10 billion in 2005.
Wir haben einen Reingewinn von 5 Milliarden erzielt.	We made a net profit of 5 billion.

Termine vereinbaren

Ich möchte einen Termin mit Herrn/Frau … vereinbaren.	I'd like to make an appointment with Mr/Mrs …
Könnte ich wohl einen Termin bei … bekommen?	I was wondering if it would be possible to make an appointment with …?
Wann würde es Ihnen passen?	When would it be convenient?
Wie wäre es mit Kalenderwoche 14?	How about week 14?
Wie wär's mit nächster Woche?	Shall we say next week?
Welcher Tag wäre für Sie am günstigsten?	What day would be the most convenient for you?
Welcher Tag passt Ihnen am besten?	What day would suit you best?
Das passt mir gut.	That suits me fine.

Wie wär's mit heute Abend?	Well, what about this evening?
Und um welche Uhrzeit?	And at what time of day?
Wie lange, glauben Sie, werden wir benötigen?	How long do you think we'll need?
Können wir eine Uhrzeit ausmachen?	Can we agree on a time?
Um wieviel Uhr? Sechs? Sieben?	What time? Six? Seven?
Sagen wir sieben Uhr.	Let's say seven o'clock.
Sieben Uhr, wenn Ihnen das Recht ist.	Seven o'clock. If that's all right with you.
Einverstanden.	Fine with me.
Wir treffen uns also am 12. März um 17 Uhr.	So, we're meeting on the 12th of March at 5 p.m.

Termine verschieben

Ich muss das Treffen leider absagen.	I'm afraid I'll have to call off the meeting.
Ich muss den Termin leider verschieben.	I'm afraid I have to postpone the appointment.
Könnten wir etwas anderes ausmachen?	Could we try to rearrange it?
Können wir den Termin auf nächste Woche verschieben?	Can we postpone the appointment until next week?
Könnten wir es auf heute Abend verschieben?	Could we put it off till tonight?
Leider kann ich nun doch nicht am Donnerstag.	Unfortunately I won't be able to make it on Thursday after all.
Könnten wir es eventuell auf Montag vorziehen?	Could we bring it forward to Monday, perhaps?

Leider bin ich an dem Tag außer Haus.	I'm afraid I'm out of the office on that day.
Ich habe zu der Zeit schon einen anderen Termin.	I'm afraid I already have another appointment then.
Könnten wir die Besprechung nächste Woche auf eine andere Uhrzeit legen?	Can we change the time of next week's meeting?
Ist es möglich, dass wir uns später treffen?	Is there any chance of us meeting later?
Ich wollte mich vergewissern, dass ich Ort und Zeit richtig verstanden habe.	I just wanted to make sure I've got the time and place right.
Ich rufe wegen der genauen Uhrzeit der Besprechung am Montag an.	I'm calling to check the exact time of Monday's meeting.

Sich entschuldigen

Tut mir Leid, dass uns ein Fehler unterlaufen ist.	Sorry about the mistake on our part.
Wir bedauern, dass wir Ihnen Unannehmlichkeiten bereitet haben.	We're sorry you've been inconvenienced.
Wir bedauern diesen Fehler sehr.	We very much regret this error.
Es kann sein, dass bei uns im Haus ein Fehler unterlaufen ist.	Well, there may have been a slip at our end.
Die Unannehmlichkeiten, die Ihnen dadurch entstanden sind, tun mir außerordentlich Leid.	I'm extremely sorry for any inconvenience this has caused you.
Bitte akzeptieren Sie unsere Entschuldigung.	Please accept our apology.
Entschuldigen Sie bitte den Fehler unserer Rechnungsabteilung.	I do apologise for the error made by our accounts department.

Da ist offensichtlich etwas schiefgelaufen.	Something has obviously gone wrong.
Entschuldigen Sie bitte den Fehler.	Please accept our apology for this mistake.
Da ist offensichtlich ein Versehen passiert.	There's obviously been some sort of an oversight.
Da ist leider etwas durcheinander geraten.	I'm afraid there's been a mix-up.
Wir müssen uns für die Verspätung entschuldigen, aber es war höhere Gewalt.	We owe you an apology for the delay, but it's due to circumstances beyond our control.
Dies tut mir furchtbar Leid.	I'm awfully sorry to hear that.

Reklamieren

Ich bedaure, dass ich reklamieren muss, aber ...	I'm sorry to complain but ...
Ich bedaure, das sagen zu müssen, aber ...	I'm sorry to have to bring this up, but ...
Bei wem kann ich mich beschweren?	Who can I make a complaint to?
Ihr Kundendienst entspricht leider nicht unseren Erwartungen.	I'm afraid the service hasn't met our expectations.
Ich muss leider sagen, dass die Qualität minderwertig ist.	I'm sorry to mention this, but the quality is below standard.
Ich beschwere mich normalerweise nicht, aber in diesem Fall ...	I don't normally complain, but in this case ...
Ich muss Ihnen leider eine größere Reklamation melden.	I'm afraid I have to register a serious complaint.
Ich habe eine schwerwiegende Reklamation.	I've a serious complaint to make.

Ich möchte mit allem Nachdruck reklamieren.	I really want to complain most strongly.
Ich bin ziemlich enttäuscht, dass ...	I'm rather disappointed that ...
Es tut mir Leid, aber das kann ich nicht akzeptieren.	I'm afraid I can't accept that.
Ich möchte Ihnen sagen, dass ich unzufrieden bin mit ...	I really want to express my dissatisfaction with ...
Wann bekomme ich vollen Schadenersatz?	When am I going to get full compensation?
Sie werden kein Geld bekommen, wenn ...	You will not be receiving payment if ...

Missverständnisse klären

Ich fürchte, ich habe mich nicht deutlich ausgedrückt. Lassen Sie es mich so sagen.	I'm afraid I didn't express myself clearly. Let me put it this way.
Ich habe mich vielleicht unklar ausgedrückt. Was ich zu sagen versuche, ist Folgendes ...	Perhaps I haven't made myself clear. What I'm trying to say is this ...
Vielleicht wird es verständlicher, wenn ich es so formuliere ...	Perhaps I should make this clearer by saying ...
Tut mir Leid. Ich habe mich vielleicht nicht klar ausgedrückt. Lassen Sie es mich anders sagen.	Sorry, I'm probably not making myself clear. Let me put it another way.
Wenn ich vielleicht tiefer in die Einzelheiten gehen dürfte, würde es das Missverständnis klären.	Perhaps if I might explain in more detail it would clarify the misunderstanding.
Vielleicht sollte ich noch mehr ins Detail gehen.	Perhaps I should be more specific.
Vielleicht ist es hilfreich, das Diagramm noch einmal zu sehen.	Perhaps it would be helpful to take another look at the diagram.

Wir scheinen aneinander vorbeizureden.	We seem to be talking at cross purposes.
Ich fürchte, Sie haben mich missverstanden.	I'm afraid you've misunderstood me.
Ich fürchte, da besteht ein kleines Missverständnis.	I'm afraid there seems to have been a slight misunderstanding.
Entschuldigen Sie, aber das habe ich nicht gesagt.	With respect, that is not what I said.
Das ist nicht ganz das, was ich meinte.	That isn't quite what I meant.

Einen Kompromiss vorschlagen

Wir sind bereit, gewisse Zugeständnisse zu machen.	We are prepared to make certain concessions.
Wir wollen Ihnen auf halbem Weg entgegenkommen.	We are ready to meet you halfway.
Einigen wir uns auf einen Preis, der beiden Seiten gerecht wird.	Let's agree a fair price to both parties.
Schließen wir einen Kompromiss.	Let's strike a compromise.
Ich bin sicher, wir kommen zu einer Einigung.	I'm sure we can come to an agreement on that.
Ich bin sicher, wir finden einen Kompromiss.	I'm sure we'll be able to find a compromise.
Kann ich davon ausgehen, dass wir uns in diesem Punkt einig sind?	Can I take it that we agree on this point?
Ein ausgewogener Kompromiss wäre ...	A balanced compromise would be ...
Ich hoffe, wir können uns auf folgender Basis einigen ...	I hope we can reach agreement along the following lines ...
Ich glaube, es ist immer noch möglich, einen Kompromiss zu finden.	I think it is still possible to strike a compromise.

Wir könnten das Problem umgehen, wenn ...	We might be able to get round this problem if ...
Ich denke, ich könnte dem Vorschlag zustimmen unter der Bedingung, dass	I think I could accept/go along with your proposal with the provision that ...
Wenn Sie bereit wären zu ..., wären wir einverstanden zu...	If you would be prepared to..., then we would be ready to ...
Wir sehen keine Einwände, vorausgesetzt, Sie ...	We see no objection, provided that you ...

Lösungen anbieten

Wie können wir Ihnen helfen?	How can we help you?
Wir klären das Problem und rufen Sie sofort zurück.	We'll check the problem and call you back immediately.
Wie können wir das wieder gutmachen?	How can we make up for the inconvenience?
Ich bin sicher, wir können das in Ordnung bringen.	I'm sure we can sort this out.
Ich werde mich sofort darum kümmern.	I'll see to it immediately.
Ich werde die Dinge so schnell wie möglich in die Wege leiten.	I'll get things moving as quickly as I can.
Ich rufe Sie so bald wie möglich zurück.	And I'll get back to you on this as soon as possible.
Was erwarten Sie von uns in diesem Fall?	What do you expect us to do in this case?
Sollen wir Ihnen unseren Fachmann schicken, um das zu reparieren?	Shall we send our specialist to fix it?
Wir ersetzen natürlich die Ware.	Of course we'll replace the article.

Oder hätten Sie lieber Ihr Geld zurück?	Or would you like/rather have your money back?
Wir arbeiten daran.	We're working on it.
Wir leisten selbstverständlich Ersatz.	Of course, we'll replace it.
Ich bin froh, dass wir das Problem lösen konnten.	I'm relieved that we were able to solve our problem.
Zögern Sie nicht, wieder anzurufen, sollte es erneut Probleme geben.	Don't hesitate to call again should another problem crop up.

Einverständnis ausdrücken

Ich kann mich Ihrem Vorschlag anschließen.	I can go along with your proposal/suggestion.
Ich glaube, wir sind uns jetzt einig.	I think we've come to an agreement.
Ich teile Ihre Ansicht, dass ...	I share your view that ...
Ich denke, wir sind darüber einer Meinung.	I think we are in agreement on that.
Ich glaube, wir können Ihren Standpunkt in dieser Sache akzeptieren.	I think we can accept your position on that.
Ich würde diesen Vorschlag gerne unterstützen.	I'd like to support this proposal.
Ich glaube, ich kann mich Ihnen anschließen.	I think I can go along with you.
Sie haben mich überzeugt.	You've convinced me.
Ich pflichte Ihnen voll und ganz bei.	I completely/quite agree.
Ich bin mit Ihnen völlig einer Meinung.	I totally agree with you.

Ich bin hundertprozentig Ihrer Meinung.	I couldn't agree more.
Ich sehe die Dinge genauso wie Sie.	I agree entirely with your point of view.
Ich stimme Ihnen im Allgemeinen zu, jedoch könnte man anmerken, dass ...	I agree in general with you, however, it could be said that ...
Was die Durchführbarkeit von ... angeht, stimme ich Ihnen zu.	I agree with you about the practicability of ...
Theoretisch haben Sie Recht, aber wird das in der Praxis klappen?	In theory you are right, but will it work in practice?
Darin/damit haben Sie Recht.	You have a point there.

Ablehnung signalisieren

Ich sehe das etwas anders.	I see it a little differently.
Ich bin mir nicht sicher, dass diese Strategie zum Ziel führt.	I'm (still) not sure whether this strategy will achieve its aim.
Ich habe immer noch Zweifel.	I still have my doubts.
Ich habe Bedenken, ob der Vorschlag realistisch ist.	I'm sceptical about whether the proposal is realistic.
Ich wage zu bezweifeln, dass dies ein guter Plan ist.	I have my doubts whether this is a good plan.
Glauben Sie wirklich? Ich habe da meine Zweifel.	Do you really think so? I have my doubts.
Sie mögen teilweise Recht haben. Trotzdem ...	You may be partly right. Even so ...
Ist es sicher, diesem Kunden einen so hohen Kredit zu geben?	Is it safe to give this client such a huge loan?
Gehen wir nicht zu viele Risiken ein, wenn wir ...?	Aren't we taking too many risks if we ...?

Glauben Sie, dass sich das Projekt wirklich lohnt?	Do you think that the project is really worthwhile?
Ich würde Ihnen gerne zustimmen. Dennoch ...	I'd like to agree. Nevertheless ...
Ich teile nicht ganz Ihre Meinung, dass ...	I don't quite share your view that ...
Ich kann diesen Vorschlag leider nicht von ganzem Herzen unterstützen.	I'm afraid I can't give my whole-hearted support to this proposal.
Ich kann Ihnen da nicht ganz zustimmen.	I can't quite agree with you.
Ich fürchte, wir sind verschiedener Meinung.	I'm afraid we are in disagreement.
Sie haben ein Recht auf Ihre Meinung. Aber erlauben Sie, dass ich dies anders sehe.	You're entitled to your point of view. But allow me to see it a little differently.
Nehmen Sie es mir nicht übel, aber ich sehe dies anders.	With respect, I see it a little differently.
Ich kann leider nicht sagen, dass ich Ihre Meinung teile.	I'm afraid I can't say that I share your view/opinion.
Tut mir Leid, aber ich kann Ihre Meinung nicht teilen.	I'm sorry, I can't go along with you.
Ihr Argument hat mich nicht völlig überzeugt.	I'm not totally convinced by your argument.
Ich respektiere Ihre Meinung, jedoch ...	I respect your opinion, however ...
Tut mir Leid, aber ich verstehe nicht, was Sie meinen.	I'm afraid I can't see your point there.
Ich kann diesen Vorschlag leider nicht unterstützen.	I'm afraid I can't support/back the proposal.

Ohne wesentliche Änderungen kann ich dem Vorschlag nicht zustimmen.	Without substantial changes, I cannot give the proposal my support.
Hier gehen unsere Ansichten über ... auseinander.	I really must take issue with you on ...
Ich kann Ihren Standpunkt dazu nicht akzeptieren.	I can't accept your position on that.
Ich bin darüber völlig anderer Meinung als Sie.	I totally disagree with you on that.
Was diese Zahlen anbetrifft, so muss ich Ihnen widersprechen.	I must take issue with you over these figures.
Obwohl wir eine Pattsituation genauso sehr vermeiden wollen wie Sie, halten wir Ihren Vorschlag für unannehmbar.	Although we want to avoid a deadlock as much as you do, we find your suggestion unacceptable.

Preise aushandeln

Bitte nennen Sie Ihren niedrigsten Preis für ...	Please let us have your best /lowest price for ...
Unser niedrigstes Preisangebot ist 60 Pfund das Dutzend.	Our lowest price is £ 60 a dozen.
Können Sie mir ein Angebot über 500 Stück machen?	Could you give me a quote for 500 items?
Ihre Preise erscheinen uns etwas zu hoch.	Your prices seem to be on the high side.
Aber Sie können mir sicher ein besseres Angebot machen.	But surely you can quote me better terms than that.
Gewähren Sie einen Mengenrabatt für ...?	Is there a quantity/bulk discount for ...?
Wir könnten Ihnen 8 % anbieten, wenn Sie Ihren Auftrag erhöhen.	We could make it 8 % if you increased your order.

Geben Sie Skonto bei schneller Bezahlung?	Do you allow/grant/give a prompt payment discount?
Geben Sie Skonto bei Barzahlung?	Do you offer a cash discount?
Der Preis hängt von der Größe Ihres Auftrags ab.	The price depends on the size of the order you want to place.
Was würden Sie uns berechnen für ...?	What would you charge us for ...?
Ist das Ihr bestes Angebot? Ich dachte, die Preise würden sinken.	Is that your best quote? I thought prices would be coming down now.
Ist das Ihr letztes Angebot?	Is that your final offer?
Weiter können wir leider nicht gehen.	I'm afraid that's as far as we can go.

Bankgeschäfte tätigen

Ich möchte ein Girokonto eröffnen.	I'd like to open a current account.
Geben Sie uns bitte hier eine Unterschriftsprobe.	Please fill in your specimen signature here.
Ich erwarte eine Überweisung aus Deutschland.	I'm expecting a transfer from Germany.
Kann ich Geld auf ein Konto in Libyen überweisen?	Can I transfer money to an account in Libya?
Wer ist der Empfänger?	Who's the recipient?
Ist Geld für mich eingezahlt worden?	Has money been paid in for me?
Ich möchte Geld auf mein Konto in Deutschland überweisen.	I'd like to transfer money to my account in Germany.
Füllen Sie bitte den Überweisungsvordruck aus.	Please fill in the transfer form.
Bei welcher Bank sind Sie?	Who do you bank with?

Ich habe ein Konto bei der City Bank.	I have an account with the City Bank.
Wissen Sie die Bankleitzahl?	Do you know the bank sorting code?
Ich möchte 200 Pfund von meinem Konto abheben.	I'd like to withdraw 200 pounds from my account.
Wo bekomme ich meine Kontoauszüge?	Where do I get my bank statements?
Ich möchte meine Kontoauszüge abholen.	I would like to collect my statements of account.
Ich möchte einen Dauerauftrag einrichten/ändern.	I'd like to place/change a standing order.
Wie hoch ist mein Guthaben?	What's the balance of my account?
Ich habe meine Kreditkarte verloren. Was soll ich tun?	I've lost my credit card. What shall I do?
Sperren Sie bitte mein Konto.	Please bar my account.
Ich möchte mein Konto schließen.	I want to close my account.
Der Automat hat meine Karte einbehalten.	The machine's taken my card.
Haben Sie die richtige Geheimnummer angegeben?	Did you type in the correct PIN (personal identity number)?
Ich möchte ein Schließfach mieten.	I'd like to rent a safe deposit box.
Folgen Sie mir bitte zum Banktresor.	Please follow me to the bank vault.
Ich fürchte, Sie haben Ihr Konto überzogen.	I'm afraid you've overdrawn your account.
Ich dachte, mein Konto sei ausgeglichen.	I thought my account was balanced.
Auf meinem Kontoauszug ist keine Überziehung ersichtlich.	My statement does not show an overdraft.
Der Überziehungszinssatz beträgt 16 %.	The overdraft charge is 16 %.

Wie hoch ist mein Überziehungs-kredit?	What's my overdraft facility?
Sie haben einen Überziehungskredit bis zu einem Monatsgehalt.	We grant you an overdraft facility of one month's salary.
Wer leitet diese Zweigstelle?	Who's in charge of this branch?
Ich habe eine Reklamation.	I've got a complaint to make.
Ihre Bankgebühren sind zu hoch.	Your bank charges are too high.

Geld anlegen

Ich möchte ein Sparbuch eröffnen.	I'd like to open a savings account.
Hier ist Ihr Sparbuch.	Here's your savings book.
Wie hoch ist der Habenzins?	What's the credit interest?
Haben Sie schon ein Konto bei uns?	Do you already have an account with us?
Wie viel möchten Sie einzahlen?	How much would you like to pay in?
Ich möchte eine größere Summe investieren.	I'd like to invest a lump sum.
Was raten Sie mir zu kaufen?	What do you advise me to buy?
Denken Sie an Aktien oder festver-zinsliche Wertpapiere?	Are you thinking of stocks or bonds?
Wo bekomme ich die beste Rendi-te?	Where do I get the highest return on my money?
Sie sollten Ihre Investition lieber streuen.	You'd better spread your invest-ment.
Möchten Sie ein Limit angeben?	Do you want to fix a limit?
Welches Konto darf ich belasten?	Which account may I debit?
Ich möchte Festgeld anlegen.	I would like to set up a fixed de-posit.

Muss ich die Zinsen versteuern?	Do I have to pay tax on interest?
Muss ich Kapitalertragsteuer zahlen?	Do I have to pay capital gains tax?

Einen Kredit beantragen

Ich möchte einen Kredit beantragen.	I'd like to apply for a loan.
Einen langfristigen oder kurzfristigen Kredit?	A long-term or short-term loan?
Ich benötige einen kurzfristigen Kredit.	I need a short-term loan.
Haben Sie Sicherheiten?	Have you got any security?
Wie hoch ist der Zinssatz?	What's the interest rate?
Wie lange ist die Laufzeit des Darlehens?	What's the term of the loan?
Bitte unterzeichnen Sie den Darlehensvertrag.	Would you please sign the loan agreement.
Ich möchte einen Hypothekenkredit beantragen.	I would like to apply for a mortgage.
Können Sie die Baukosten abschätzen?	Can you assess the building costs?
Wir werden Ihr Grundstück mit einer Hypothek belasten.	We will put a mortgage on your property.
Vielleicht erhalten Sie Subventionen.	You might obtain subsidies.
Wie hoch ist die monatliche Zinsaufwendung?	What's the interest payable per month?
Sie sind mit den Zinsen in Verzug.	You are in arrears with the interest.
Sie werden Zinsverluste hinnehmen müssen.	You will have to suffer loss of interest.

Leider müssen wir den Zinssatz erhöhen.

I'm afraid we have to raise the interest rate.

Über Kosten reden

Ich habe ein paar Fragen zu den Fixkosten.

I have some questions about the fixed costs.

Wie errechnen sich die Gesamterlöse?

How is the total revenue calculated?

Können Sie mir sagen, wie sich die Gemeinkosten zusammensetzen?

Can you tell me which costs are included in the overheads?

Die Kosten für diese Dienstleistung sind viel zu hoch.

The costs for this service are much too high.

Bitte geben Sie mir eine Aufstellung der Gesamtkosten.

Please let me have a listing of the total costs.

Die Kosten sollten einzeln aufgeführt werden.

The costs should be itemized.

Diese Position ist falsch. Sie gehört zu den indirekten Kosten.

This position is wrong. It's a part of indirect costs.

Die Kosten müssen um 30 Prozent gesenkt werden.

The costs must be reduced by 30 per cent.

Die Grafik zeigt, wie die Kosten explodiert sind.

The graph shows that the costs have exploded.

Die Kosten stehen in keinem Verhältnis zu den Einnahmen.

The costs are out of proportion to the income.

Ergebnisse besprechen

Wo liegt Ihre Gewinnschwelle?

What is your break-even point?

Wie lässt sich Gewinn messen?

How can we measure profit?

Die erforderlichen Zahlen finden Sie in der Gewinn- und Verlustrechnung.	You find the necessary figures in the profit & loss account.
Der Gewinn vor Steuern ist im Vergleich zum Vorjahr deutlich gestiegen.	The profit before tax has risen considerably compared to the previous year.
Die Umsätze stiegen im Jahresvergleich um 11 %.	Sales rose by 11 % year-on-year.
Das Entscheidende ist der Gewinn nach Steuern.	The bottom line is profit after tax.
Die Zahlen sind so schlecht wie noch nie.	The figures have never been that bad.
Das Betriebsergebnis ist leicht gefallen.	The EBIT has gone down slightly.
Wir können in diesem Jahr wieder eine Dividende zahlen.	We will be able to pay dividends again this year.
Uneinbringliche Forderungen belasten unser Ergebnis.	Our result is affected by bad debts.
Die Zahlen entwickeln sich äußerst erfreulich.	The figures are developing extremely positively.
Wir sind auf dem besten Weg, unser Ergebnis aus dem letzten Jahr zu übertreffen.	We are on line/target to top last year's results.

Das liebe Geld

Unser Cashflow ist nur vorübergehend negativ.	Our cash flow is only temporarily negative.
Wir benötigen dringend eine Geldspritze.	We urgently need a cash injection.
Wir finanzieren uns durch unsere Gewinne.	We fund from our profit.

Es handelt sich um eine externe Geldquelle.	It's an external source of funds.
Wir müssen Anlagegüter verkaufen, um wieder flüssig zu werden.	We need to sell assets to become solvent again.
Wir müssen unseren Kreditrahmen erweitern.	We need to expand our credit facility.
Man hat uns den Geldhahn zugedreht.	They pulled the plug on our funding.
Sie verfügen über ausreichend flüssige Mittel.	They have enough liquid funds.
Wir müssen unser Cashflow im Auge behalten.	We have to keep an on our cash flow.
Geld regiert die Welt.	Money makes the world go round.
Die Zahlungsmoral wird immer schlechter.	The payment behaviour is deteriorating.
Wir müssen unsere Geldein- und -ausgänge überwachen.	We need to monitor our cash inflows and outflows.

**Zahlreiche
Planungstools
auf CD-ROM**